... und Montag kommt der MDK

Altenpflege am Abgrund

Dieses Buch widme ich allen alten und pflegebedürftigen Menschen, die für viel Geld in deutschen Pflegeheimen leben und aufgrund der Personalpolitik in der Altenpflege oftmals nur „Pflege am Fließband" erfahren.

Ebenso widme ich dieses Buch allen Pflegekräften- vor allem den Spätberufenen und Quereinsteigern- die hochmotiviert die Ausbildung absolviert haben, um dann später festzustellen, dass sie als Arbeitssklaven für Mindestlohn in einem kranken System verheizt werden, bis sie körperlich am Ende sind.

Solange sich in der Personalpolitik in Deutschlands Altenheimen nichts ändert, ist es nicht möglich, eine umfassende, würdevolle Pflege zu leisten.

- Emma Lexa -

Emma Lexa

…und Montag kommt der
MDK

Altenpflege am Abgrund

Bibliografische Information der Deutschen Nationalbibliothek:
Die Deutsche Nationalbibliothek verzeichnet diese Publikation in der Deutschen Nationalbibliografie; detaillierte bibliografische Daten sind im Internet über http://dnb.dnb.de abrufbar.

© *2014 Name des Autors/Rechteinhabers* **Emma Lexa**

weitere Mitwirkende: **Klaudia Pfeifer, M.M.**
Herstellung und Verlag: BoD – Books on Demand, Norderstedt

ISBN: 9783735780676

Vor sieben Jahren hatte ich plötzlich und aus heiterem Himmel auf einmal das dringende Bedürfnis, endlich in meinem Leben mal etwas wirklich Vernünftiges zu machen.
Sie müssen wissen, ich habe ein ziemlich bewegtes Leben hinter mir. Mein Leben war eigentlich schon immer die reinste Achterbahnfahrt und ich habe schon alles Mögliche gemacht … meistens waren es Dinge, die nichts getaugt haben - und zwar sowohl im privaten als auch im beruflichen Bereich.
Aber dann, eines Tages an der Schwelle zur 40, kam mir nach etlichen Fehlschlägen und genau so vielen depressiven Phasen der Gedanke, dass es nun wirklich an der Zeit sei, endlich mal was Gescheites zu tun, und so ließ ich mich in die Altenpflege vermitteln, zunächst einmal als Arbeitsgelegenheit.
Irgendwie war ich von Anfang an von dem Gedanken der Altenpflege begeistert, weil ich den Sinn, der hinter dieser Tätigkeit steht, klar erkennen konnte. Man pflegt eben alte Leute. Punkt. Ganz einfach. Und zwar so lange, bis sie sterben.
Ich fand und finde das auch heute noch eine tolle und sinnvolle Sache - so gehört sich das. Meine ich jedenfalls. Und es stimmt mir wohl fast jeder

zu, wenn ich sage, dass wohl niemand gerne in seinen eigenen Ausscheidungen liegen.
möchte, nur weil er nicht mehr in der Lage ist, sich selbst zu versorgen.
Irgendwie kommt ja keiner um das Altwerden herum (natürlich außer man stirbt jung) und jeder wünscht sich dann vermutlich auch für sich ein menschenwürdiges Da-Sein. Schließlich hat man ja keine Garantie darauf, dass man bis zum Ableben top in Form ist und für seine Bedürfnisse selbst sorgen kann - so schön dieser Gedanke auch sein mag.
Ich hab in den sieben Jahren, die ich in der Altenpflege gearbeitet habe ziemlich oft von anderen Leuten Kommentare gehört wie:" Das könnte ich nicht" oder so etwas … und oft habe ich mir dann überlegt, was ich so alles nicht könnte …
und da gibt es Vieles. Das können Sie mir glauben.
Ich könnte zum Beispiel kein Haus bauen. Also wenn die Menschheit darauf angewiesen wäre, dass ich die Häuser baute, sähe es schlecht aus mit Unterkünften. Ich kann noch nicht mal mit einem Presslufthammer umgehen. Oder einen Sattelschlepper fahren oder was weiß ich. Ich könnte hier zahlreiche Dinge aufführen, die ich im Vergleich zur Altenpflege sehr viel schwerer finde und die ich ganz bestimmt nicht könnte.

Sicher verstehe ich, dass nicht jeder seinen Berufswunsch darin sieht, alte und pflegebedürftige Menschen zu waschen, ihren Stuhlgang wegzuwischen und sie zu füttern (das nennt man natürlich offiziell „anreichen" … deswegen bleibt es aber trotzdem füttern …), aber schließlich muss es nun mal auch Leute geben, die das tun. So einfach ist die Sache.

Wenn man in der Pflege arbeitet, dann sollte man die Arbeit auch wirklich gerne und von Herzen machen, ansonsten sollte man es lieber bleiben lassen. Denn die Arbeit ist körperlich ziemlich hart und anstrengend, man muss sich bei der Arbeit hunderte Male am Tag bücken und bekommt dadurch im Laufe der Zeit Rückenschmerzen. Man arbeitet in ständig wechselnden Schichten, hat selten am Wochenende und an Feiertagen frei und reich wird man in diesem Beruf auch nicht. Ganz im Gegenteil. Die Bezahlung ist eher ziemlich mies. Also macht es irgendwie am meisten Sinn, in der Altenpflege zu arbeiten, wenn man sich tatsächlich dazu „berufen" fühlt. Naja … ich fühlte mich auf jeden Fall berufen und war völlig beseelt von dem Gedanken, endlich mal eine Tätigkeit auszuüben, die wirklich einen Sinn macht, und ich hatte große Ideen und Pläne, wie ich den alten Leuten ihre Tage von nun an verschönern wollte, auch wenn ich an-

fangs noch nicht die geringste Ahnung davon hatte, wie es in einem Altenheim zugeht.
Wer noch nie in einem Altenheim war, der hat vielleicht die Vorstellung von netten Senioren und Seniorinnen mit weißen Löckchen und viel 4711, die gemeinsam Bingo oder Mensch-ärgere-dich-nicht mit übergroßen Figuren spielen. Solche Bilder schwebten vor meinem ersten Arbeitstag auch in meinem Kopf herum, und ich stellte mir vor, wie ich die „Omis" aufmischte und mit ihnen die tollsten Sachen machte.
Das hat sich aber dann ziemlich schnell gelegt, denn die Realität in einem Altenheim sieht dann doch ziemlich anders aus.
Die Einrichtung, in der ich meine Arbeitsgelegenheit antrat, hatte vier Wohnbereiche und insgesamt etwa 110 Bewohner. Ich wurde dem Wohnbereich 3 zugeteilt und nachdem ich das Procedere mit Betriebsarzt und Einkleidung hinter mir hatte, trat ich dann an einem Montagmorgen in meinen noch völlig steifen, neuen Arbeitssachen zum ersten Mal einen Dienst in der Altenpflege an. Alles in allem kam ich mir in den weißen Klamotten im ersten Moment ein bisschen komisch vor. Andererseits fand ich es auch irgendwie cool, dass ich nun ein Namenschild mit Foto und allem Drum und Dran an meiner Arbeitskleidung trug, was dem Gesamtbild doch

irgendwie ein ziemlich professionelles Aussehen verlieh.

Für das Pflegepersonal fing der Frühdienst um 6.30 Uhr an. In der Zeit von 6.30 Uhr bis 7 Uhr erfolgte dann die Übergabe durch die Nachtschicht, bei der die Nacht jedes einzelnen Bewohners durchgesprochen wurde. Dabei ging es um den Allgemeinzustand des jeweiligen Bewohners, eventuell anstehende Arztbesuche oder Medikamentenänderungen, etwaige Auffälligkeiten im allgemeinen Verhalten, Hautbeobachtung, Essverhalten und Ausscheidungen.

Soviel, wie in der ersten halben Stunde meines ersten Dienstes hatte ich vorher noch nie auf einmal über Ausscheidungen gehört. Innerlich musste ich jedes Mal grinsen, wenn die Nachtschwester bei einem Bewohner berichtete, dass er „schön" abgeführt hatte und stellte mir vor meinem geistigen Auge vor, wie man „schön" kackt. In meinem Kopf hatte „schön" so was Blumiges ... also als würden kleine Blümchen aus dem Hintern kommen oder so etwas ... aber ich merkte ziemlich schnell, dass in diesem Zusammenhang „schön = viel" bedeutete. Also, wenn jemand im Altenheim „schön" abgeführt hat, heißt das auf Deutsch, er hat einen Riesenhaufen gekackt.

Nachdem diese Informationen weiter gegeben worden waren, verabschiedete sich der Nachtdienst und die Stationsschwester, die am Kopf des Tisches saß, schrieb Zettel, auf denen die Bewohner für die morgendliche Grundversorgung auf die anwesenden Arbeitskräfte aufgeteilt wurden.

Ich weiß noch genau, dass an meinem ersten Arbeitstag eine Menge Leute bei der Übergabe anwesend waren - also es waren bestimmt sechs oder sieben Personen - und da ich nicht die geringste Ahnung hatte, wie es in der Altenpflege zugeht und da alle Anwesenden die gleiche weiße Arbeitskleidung trugen, dachte ich in meinem naiven Kopf, das seien alles Altenpfleger/innen oder zumindest Schüler. Wie gesagt, zu der Zeit hatte ich noch überhaupt keine Ahnung, wie Pflege in Deutschland so abläuft und ich war ziemlich beeindruckt von dem ganzen geschäftigen Gewusel um mich herum, das alles einen ziemlich professionellen Eindruck machte.

Immer, wenn jemand neu auf dem Wohnbereich anfing, musste derjenige erst mal einen oder zwei Tage „mitlaufen", je nachdem wie lange es dauerte, bis derjenige die grundlegenden Handgriffe beim Waschen und Anziehen kapiert hatte. Anschließend wurde man dann auf die Leute losgelassen und musste halt zusehen, wie man klar kam. Natürlich versorgte man am Anfang nur „einfache" Bewohner - das bedeutet: Solche, die noch halbwegs mobil waren.

Vieles in der Altenpflege ist „learning by doing" und mit jedem Tag, den man arbeitet, hat man die Handgriffe besser raus und bekommt mehr Routine.

Ich wurde also an meinem ersten Arbeitstag mit einem etwa 18-jährigen, jungen Mann eingeteilt und musste erst mal „mitlaufen". Wir steuerten also das erste Bewohnerzimmer an, in dem wir einen völlig dementen Mann, der aber noch mobil war, zu versorgen hatten. Mobil hieß in diesem Fall, dass der Mann noch alleine mit seinem Rollator laufen konnte. Ansonsten musste er jedoch komplett vom Pflegepersonal gewaschen und angezogen werden.

In dem Moment, in dem man in der Pflege ein Zimmer betritt, geht es dann auch sofort zur Sache.

Anklopfen, Licht an - „Guten Morgen" - Anwesenheit an ... und los geht´s.

Es dauerte allerdings nicht besonders lange, bis mir klar wurde, dass der junge Mann, der mich da unter der Fittiche hatte, selbst keine allzu große Ahnung von der Pflege hatte. Während wir gemeinsam den verschlafenen Mann, der keine große Lust zum Aufstehen zu haben schien, ins Bad bugsierten, unterhielten wir uns ein bisschen und ich erfuhr, dass er Praktikant war und selbst erst seit ein paar Wochen in der Einrichtung arbeitete. Er besuchte die Fachoberschule und musste ein Jahr lang jeweils an drei Tagen in der Woche ein Praktikum in einer Pflegeeinrichtung absolvieren - und das tat er eben hier.

Ich muss sagen, ich kam mir schon ein bisschen blöd vor, als er mir dann stockend und ziemlich umständlich erklärte, wie man jemanden wäscht. Ich wasche mich selbst ja schließlich auch und bin überdies Mutter von zwei erwachsenen Kindern, die ich logischerweise früher auch gewaschen habe. Aber um den Jungen nicht aus dem Konzept zu bringen, ließ ich mir nichts anmerken und ihn reden.

Morgens von 7 Uhr bis 7.45 Uhr werden im Altenheim die mobilen Bewohner gewaschen, damit sie um Punkt 8 Uhr zum Frühstück im Aufenthaltsraum sitzen. Das heißt, der Erste, der auf der Liste steht, hat quasi die Arschkarte gezogen und wird um sieben Uhr aus dem Bett geschmissen, auch wenn er eigentlich den ganzen Tag nichts vorhat. Aber irgendeiner muss halt „dran glauben", denn sonst wird man mit der Versorgung der Bewohner einfach nicht fertig.

Wenn man davon ausgeht, dass jede Arbeitskraft (und in der Pflege werden auch Praktikanten und Fachoberschüler als vollwertige Kraft gezählt) 2- 3 Bewohner vor dem Frühstück zu versorgen hat, dann weiß man ungefähr, wie groß das Zeitfenster für eine Grundversorgung so in etwa ist.

Soviel hatte ich schon am ersten Tag kapiert, denn ich hatte bei der Übergabe am Morgen mitgezählt, wie viele Bewohner es gab, und mir ausgerechnet, wie viele jeder vom anwesenden Personal in etwa zu versorgen hatte. Und ich sah auch ganz klar, dass der junge Mann selbst nicht so genau wusste, was er tat und dass das alles ziemlich lange dauerte. Irgendwann - ziemlich bald - hatte ich es dann leid, ihm dabei zuzuschauen, wie er den alten Mann wusch, und bezog in der Zwischenzeit schon mal das Bett und räumte das Zimmer auf. Bei der zweiten Bewohnerin, die auf unserer Liste stand, schlug ich vor, dass wir es anders herum machten, und ich hatte ein bisschen das Gefühl, dass er mit dieser Regelung ganz zufrieden war. Nachdem er mir kurz erklärt hatte, was zu beachten war, legten wir los. Während ich die Bewohnerin wusch und anzog, machte der junge Mann das Bett und räumte das Zimmer auf. Die Frau war ebenfalls völlig verwirrt, hatte aber ein sehr freundliches Gemüt. Man konnte zwar nur einen Teil von dem verstehen, was sie erzählte, aber sie quasselte fröhlich und ohne Gebiss drauflos und erkundigte sich zwischendurch immer wieder nach dem Wetter. An der Art, wie sie sprach, konnte man merken, dass sie früher wohl ziemlich vornehm gewesen war - ganz besonders, als ich dann mit ihr im Bad war und sie ihre Zähne im Mund hatte. Die

Versorgung machte mir richtig Spaß und alles ging recht flott und reibungslos über die Bühne. Das lag aber auch daran, dass die Frau sehr gut bei der Versorgung mitarbeitete und nicht so widerspenstig war wie der Bewohner, den wir zuvor versorgt hatten. Eine Viertelstunde später verließen wir in einer Wolke von 4711 und Haarspray das Zimmer und lieferten die Bewohnerin im Aufenthalts- und Speiseraum des Wohnbereichs ab. Beim dritten Bewohner hatten wir uns dann schon so aufeinander abgestimmt, dass wir Hand in Hand arbeiteten und nach kurzer Zeit konnten wir auch diesen Bewohner gewaschen und gestriegelt zum Frühstück im Aufenthaltsraum abliefern. Da wir zu zweit so gut in der Zeit lagen, konnten wir noch schnell zusammen das Bett beziehen, und ich war ziemlich zufrieden mit dem Resultat meines ersten Einsatzes. Danach war dann auch meine Einarbeitungszeit zu Ende, zumindest was die Grundversorgung anging.

Um viertel vor 8 wurden dann die Essenwagen aus der Küche nach oben auf den Wohnbereich geholt und das Frühstück wurde vorbereitet. Was ich ziemlich lustig fand, war, dass sämtliche Arbeitskräfte zu diesem Zweck einen Überwurf über die Arbeitskleidung ziehen mussten. Diese Schutzkittel waren in Einheitsgröße gefertigt und sahen irgendwie an jedem Mitarbeiter unterschiedlich aus. Aber irgendwie immer lustig. Während der Überwurf bei dem jungen Mann, mit dem ich unterwegs war, wie ein Minikleidchen wirkte, ging er mir dagegen bis an die Waden. Auf eine gewisse Weise sah das Gewand aus wie eine Mischung zwischen einer Pipi-Langstrumpf-Schürze und einer Clownsjacke. An den Seiten wurden die Teile mit Druckknöpfen zu gemacht und vorne hatten sie zwei riesige Taschen. Das Ganze sah in Kombination mit den bunten Croques, die fast alle trugen ziemlich schräg und farbenfroh aus.

Alle anderen Mitarbeiter außer der Stationsschwester wirbelten im Aufenthaltsraum schon geschäftig durcheinander, wo inzwischen an allen Tischen Bewohner saßen. Es wurden Tabletts ausgeteilt und Kaffee eingeschenkt, die Bewohner bekamen riesige Lätzchen umgebunden, Brote wurden kleingeschnitten und jeder Bewohner bekam vor dem Frühstück seine Medikamente mit ein paar Löffelchen Quark vermischt verabreicht. Der größte Teil derer, die im Speiseraum frühstückten, war noch halbwegs in der Lage, selbst zu essen und so musste nur einer vom Personal im Aufenthaltsraum bleiben, um die Bewohner während des Frühstücks zu beaufsichtigen und bei dem Einen oder Anderen zu helfen. Nachdem dann um 8 Uhr das Frühstück an die mobilen Bewohner ausgeteilt worden war und

jeder sein Tablett vor sich stehen hatte, verteilte sich dann das restliche Personal auf die beiden Flügel des Wohnbereichs, um den bettlägerigen Bewohnern das Frühstück anzureichen. Ich zog also in meinem riesigen Anreich-Gewand und mit einem Tablett bewaffnet im Schlepptau des jungen Mannes los zu einem Zimmer, an dem selbstgemalte Namensschilder mit einem Mandala darauf hinwiesen, dass hier Frau Erna und Frau Amalie wohnten. Der junge Mann klopfte an und drückte als erstes im Zimmer an der Gegensprechanlage den Anwesenheitsknopf. Auf dem Flur leuchtete ein grünes Lämpchen auf, das signalisierte, dass jemand vom Personal im Zimmer war. Ich folgte ihm mitsamt meinem Tablett in das Zimmer und schloss die Türe hinter mir.
Und dann stand ich zum allerersten Mal in meinem nicht mehr allzu jungen Leben in so einem Doppelzimmer, in dem zwei schwerstpflegebedürftige alte Frauen lagen und ließ erst mal den Anblick auf mich wirken. Und den Duft. Denn da die bettlägerigen Bewohner immer erst nach dem Frühstück versorgt wurden, hatte noch niemand in dem Zimmer gelüftet und in der Luft hing ein Mief, der irgendwie eine Mischung aus Urin, Stuhlgang und uraltem Mensch war.
Da mein Wohnbereich in einem historischen Gebäude unterm Dach lag, hatten dort alle Bewohnerzimmer eine Dachschräge, wodurch die Zim-

mer von vornherein viel kleiner und drückender wirkten, als sie es eigentlich waren. Im ersten Moment war ich durch den Anblick des Zimmers regelrecht „geplättet". Das war also das, was am Ende vom Leben noch übrig blieb.
Wenn man sich die Wandfarbe in Altenheim-Zimmern mal ganz genau betrachtet, dann bemerkt man, dass die Leute, die die Farben für die Zimmer aussuchen, ganz offensichtlich sehr viel mit Körperausscheidungen zu tun haben.
Meistens ist es gar nicht so einfach, auf Anhieb die Farbe der Wände zu benennen. In diesem Fall stand ich jedenfalls in einem Zimmer mit der Farbe „helles Pissgelb". Rechts und links an der Wand stand jeweils ein Pflegebett mit hochgefahrenen Bettgittern. Im Gegensatz zu den Betten der Bewohner, die wir vor dem Frühstück versorgt hatten, waren in diesem Zimmer jedoch die Betten so hoch gefahren, dass sie auf Arbeitshöhe für das Personal standen. Die Kopfenden waren jeweils an der Wand und die Betten standen so in den Raum hinein, dass man von beiden Seiten daran arbeiten konnte. An den Kopfenden waren lieblos ein paar Bilder und Fotos an die Wand gehämmert und neben jedem Bett stand ein Nachtschränkchen auf Rollen mit einem ausklappbaren Brett, auf dem man das Tablett abstellen konnte. Vorne am Eingang des Zimmers gab es eine Nasszelle und Einbauschränke

auf jeder Seite. An den Schränken klebten Zettel, auf denen Anweisungen wie „ in den Schränken bitte Ordnung halten" oder „Bewohner nur noch rechts/ links lagern" und solche Sachen standen. Und in den Betten lagen dann eben Frau Erna und Frau Amalie. Oder sagen wir mal lieber: die Körper von Frau Erna und Frau Amalie.
Ich erlaube mir es jetzt einfach mal, das so auszudrücken, denn Frau Erna zum Beispiel habe ich sieben Jahre lang gepflegt. Und zu der Zeit, als ich zum ersten Mal in ihrem Zimmer stand, lag sie bereits seit 8 Jahren in diesem Zustand im Bett.
Dass Frau Erna und Frau Amalie sich über die Dinge des Alltags keine Gedanken mehr machen brauchten, sah man auf jeden Fall sofort. Um genau zu sein, konnte man im ersten Moment wirklich noch nicht einmal mit Bestimmtheit sagen, ob die beiden überhaupt noch lebten. Die zwei hüpften wahrscheinlich bereits irgendwo in einer anderen Welt oder im Himmel über die Blumenwiese, während hier in den Betten eigentlich nur noch ihre völlig maroden Körper lagen, die mit Medikamenten und Pflege am Leben erhalten wurden.
Der junge Mann jedenfalls stellte völlig unbeeindruckt von diesem Anblick das Frühstückstablett auf das eine Nachtschränkchen und ich tat das

Gleiche mit meinem Tablett auf der anderen Seite des Zimmers.

Auf den Tabletts gab es jeweils einen Schnabelbecher voll Milchkaffee, eine Scheibe Weißbrot mit Margarine und Marmelade und einen Joghurt. Außerdem ein rotes Medikamententöpfchen mit allerhand Pillen. Ich schaute zu, wie der junge Mann das Brot zuerst mit Kaffee einweichte und dann mit einer Gabel klein knatschte, anschließend wurde die fehlende Menge Kaffee im Schnabelbecher mit stillem Wasser aufgegossen, damit der Kaffee nicht mehr heiß war, der der entsprechende Bewohner schnell trinken konnte und schon beim Frühstück eine Einfuhr von 300 ml Flüssigkeit bilanziert werden konnte. Denn bei den bettlägerigen Bewohnern wurde eine Bilanzierung über die Ein- und Ausfuhr von Flüssigkeit geführt.

Ich tat es ihm also nach, schüttete Kaffee über Frau Ernas Brot und matschte alles schön klein. Nachdem ich mich mit der Funktionsweise der Bett-Bedienung vertraut gemacht hatte, hängte ich Frau Erna den riesigen Sabberlatz um, der lustigerweise „Serviette" genannt wurde und auf dem man genau sehen konnte, welche Farben das Essen am Vortag gehabt haben musste.

Das ist im Altenheim übrigens ziemlich einfach. Die Kost für die bettlägerigen Bewohner ist passiert (also: zu Brei verarbeitet) und es gibt sie in den Farbkombinationen gelb/ gelb/ braun, gelb/grün/braun, gelb/dunkelgrün mit Ei oder gelb/dunkelgrün/braun. Jedenfalls sah man dem Sabberlatz an, dass er schon so einige Essensaktionen hinter sich hatte.

Mich störte das ein bisschen, dass der Sabberlatz so dermaßen dreckig war, und ich fragte mich, ob es möglicherweise Sparmaßnahmen für den Verbrauch von diesen Lätzchen gab oder ob derjenige, der hier zuletzt Essen angereicht hatte, auch gerne so einen dreckigen Latz hätte, wenn er pflegebedürftig wäre. Da ich jedoch nicht gleich mit Meckern auffallen wollte, verkniff ich mir jegliche Bemerkung darüber und konzentrierte mich wieder voll und ganz auf Frau Erna.

Die zeigte sich jedenfalls völlig unbeeindruckt vom Hochfahren des Kopfteils und vom Anlegen des Schlabberlatzes und schnarchte mit weit offen stehenden, zahnlosen Mund weiter und ich wartete gespannt ab, bis der junge Mann mit dem Anreichen bei der anderen Bewohnerin begann. Denn auch bei Frau Amalie, an deren Bett er stand, waren keine Reaktionen zu bemerken, der einzige Unterschied zu Frau Erna war nur, dass sie den Mund zu hatte. Ansonsten sah sie irgendwie genau so tot aus.

Plötzlich fiel mein Blick auf ein Radio, das auf der Fensterbank stand und ich machte es an und

suchte den Sender von Klassik- Radio und kippte erst mal die Fenster, damit der Gestank ein bisschen abziehen konnte. Dann ging ich wieder ans Bett zu Frau Erna. Auf meinen unsicheren Blick hin grinste der junge Mann mich an:" Einfach den Löffel in den Mund stecken. Die merkt das schon. Frau Erna ist bei so was ein Profi, die liegt da schon seit 8 Jahren".
Und tatsächlich ... Frau Erna war ein Profi ... und verblüffte mich völlig.
Wenn man zum allerersten Mal in seinem Leben so einem alten, schwerstpflegebedürftigen, völlig maroden Menschen, der noch nicht mal mehr die Augen aufmacht, das Essen anreicht, das ist schon eine ganz besondere Situation. Irgendwie war mir in dem Moment ganz feierlich zumute. Verstärkt wurde dieser Effekt bei mir noch durch die klassische Musikuntermalung.
Da lag sie ... "meine" Frau Erna, die ich jetzt füttern sollte ...
Und ganz, ganz vorsichtig schob ich der völlig abwesenden Frau mit den geschlossenen Augen das erste Löffelchen in den Mund. Aber in dem Moment, als der Löffel Frau Ernas Lippen passierte, setzte bei ihr wohl ein Reflex ein und sie verwandelte sich vor meinen ungläubig drein starrenden Augen in eine regelrechte Fressmaschine, die - sobald der Bissen im Mund war und sie ihn herunter geschluckt hatte anfing, wie am

Spieß zu schreien … oder zu singen … so genau konnte man das gar nicht sagen. „LALALALALA …", Löffel in den Mund … Ruhe …, dann sofort wieder: "LALALALALA…", Löffel in den Mund … Ruhe …und wieder: "LALALALALA…..".

Nach dem dritten Tee-Löffelchen war mir klar, dass man Frau Erna notfalls auch das Essen mit der Suppenkelle verabreichen konnte, und ich folgte dem Beispiel des jungen Mannes am anderen Bett und griff ebenfalls zum Esslöffel. So hatte Frau Erna wenigstens einen Moment lang den Geschmack des Essens im Mund, bevor sie es hinunter schlingen konnte und wieder zu schreien anfing.

Innerhalb kürzester Zeit hatte die gute Frau sowohl das Brot als auch den Joghurt mit den ganzen Medikamenten darin weggeputzt und als ich ihr vorsichtig den Schnabelbecher mit dem Kaffee an die Lippen führte, schnappte sie mit ihrem zahnlosen Mund wie ein Piranha zu und trank den ganzen Becher in ein paar Sekunden auf Ex leer.

Ich war echt ziemlich beeindruckt von dieser Leistung - das hätte ich Frau Erna 10 Minuten vorher nicht zugetraut - so wie sie da mehr tot als lebendig im Bett lag, als wir in das Zimmer gekommen waren -, hatte aber keine Zeit, in dem Moment weiter darüber nachzudenken, denn

draußen auf dem Flur polterte bereits der Essenswagen heran und irgendjemand steckte den Kopf durch die Tür: „FERTIG?"
Schnell bekam ich von meinem Ausbilder-Jungen noch gezeigt, wie man die Flüssigkeitszufuhr in den Bilanzierungsbogen, der neben dem Bett auf dem Nachtschränkchen lag, einzutragen hatte und ich setzte stolz das erste Mal mein Handzeichen hinter die 300 ml Kaffee/Wasser, die ich Frau Erna verabreicht hatte. Das fand ich unheimlich klasse. Vor allem, weil ich zum Dienstantritt neben meinem Namensschild auch noch einen Kuli mit dem Logo vom Haus bekommen hatte, der nun zum ersten Mal offiziell zum Einsatz kam. Diese, meine erste „Amtshandlung" zusammen mit dem Wissen, gerade etwas richtig Gutes getan zu haben, versetzte mich in ein regelrechtes Hochgefühl …
und ich glaube, schon ab dem Moment stand für mich fest: Altenpflege ist genau mein Ding.
Den ganzen Vormittag verbrachte ich in so einer Art beseeltem Glücksrausch darüber, dass ich nun endlich etwas gefunden hatte, wo ich helfen und Gutes tun konnte. Und das wollte ich auf jeden Fall von nun an jeden Tag. Soviel stand für mich fest.
Wissen Sie, ich habe in meinem Leben wirklich schon unheimlich viel Mist gebaut. Also man kann auf keinen Fall von mir behaupten, dass ich

mich auf meiner Lebensreise mit Ruhm bekleckert habe. Und ich sah, dass ich hier - also in der Altenpflege - endlich mal etwas Nützliches und Vernünftiges tun konnte, und so platzte ich fast vor lauter Tatendrang und war wirklich wie im Glückstaumel.
Alte Menschen haben so etwas herrlich Einfaches an sich. Am Ende des Lebens bleiben nur noch die ganz existenziellen Bedürfnisse übrig, die man einfach erkennen und stillen kann.
Nachdem kurz darauf dann mit vereinten Kräften alle Tabletts abgeräumt, die Tische im Aufenthaltsraum abgewischt und die Stationsküche aufgeräumt worden waren, ging es dann wieder „in die Pflege". Alle warfen schnell ihre Anreich-Schürzen ab und man merkte allen Kollegen an, dass sie es eilig hatten und dass noch einiges an Arbeit auf sie wartete. Während ein Teil des Personals mit den Pflegewagen in die beiden Flügel des Wohnbereichs verschwand, blieben mein Ausbilder-Junge und ich im Aufenthaltsraum mit den mobilen Bewohnern zurück. Unsere Aufgabe war es nun, mit den mobilen Bewohnern Toilettengänge durchzuführen, bevor sie zum täglichen Unterhaltungsprogramm abgeholt wurden, das um 10 Uhr auf dem Plan stand.
Wenn alte Leute etwas gegessen und getrunken haben, müssen sie auf der Stelle auf's Klo. Und zwar alle auf einmal. Das merkte ich sehr

schnell, denn noch während wir beim Aufräumen waren, fingen die Ersten bereits an, nach uns zu rufen und wurden quengelig. Im ersten Moment fand ich es irgendwie toll, dass ich nun auf einmal von allen Bewohnern „Schwester" gerufen wurde, und ich flitzte wie wild zwischen den ganzen Senioren hin und her, um zu hören, was sie wollten.

Wir hatten alle Hände voll zu tun und ich bekam die ersten Gelegenheiten, „meine" Bewohner etwas näher kennen zu lernen.

Wenn man im Altenheim lebt und noch einigermaßen klar tickt, dann weiß man, dass die beste Gelegenheit, mal mit jemandem ein paar Worte in Ruhe zu reden, ist, wenn man auf dem Klo sitzt. Am allerbesten ist es für die alten Leute, wenn sie sturzgefährdet sind und nicht allein aufs Klo gehen dürfen, denn dann muss ja schließlich jemand dabei bleiben. Jedenfalls verbrachte ich die nächste Stunde überwiegend auf dem Klo und während die Bewohner auf der Toilette saßen und ihr Geschäft verrichteten und erzählten, saß ich daneben - entweder auf dem Rollator oder im Rollstuhl des Bewohners, hörte zu und erfuhr eine Menge über diese alten Menschen. Was mich an den Bewohnern ganz besonders faszinierte, war, dass sie offenbar überhaupt keine Scheu hatten, mit mir zu reden … und das, obwohl sie mich zum allerersten Mal sahen.

Keiner der Bewohner, um die ich mich kümmerte, gab einen Kommentar über meine stark tätowierten Arme und mein gesamtes Erscheinungsbild ab. Das war für mich etwas völlig Neues und ganz anders als meine Erfahrungen mit meinen jüngeren Mitmenschen, die meist aufgrund meines Erscheinungsbildes bereits voreingenommen sind. Alten Menschen war so etwas scheinbar vollkommen egal. Vielleicht sahen sie so etwas ja gar nicht. Sie waren einfach froh, wenn überhaupt irgendjemand ihnen noch zuhörte. Denen kam es nicht mehr auf Äußerlichkeiten an. Das merkte ich schnell. Manche waren auch bereits so dement, dass sie offenbar gar nicht einordnen konnten, dass sie in einem Altenheim waren und von fremden Menschen gepflegt wurden. Irgendwie hatten gerade die Bewohner mit schwerer Demenz etwas besonders Rührendes an sich.
Nachdem wir dann die ganzen Toilettengänge erledigt hatten, wurden die mobilen Bewohner von der Sozialassistentin des Wohnbereichs in den Aufzug gekarrt und in den Festsaal unterm Dach gebracht, wo die täglichen Veranstaltungen stattfanden. Während der Woche gab es dort jeden Tag eine Stunde Programm für die Bewohner - und zwar Montags Andacht, Dienstags Singen, Mittwochs Märchenstunde, Donnerstags Bewegte Stunde und Freitags Messe.

Nachdem alle mobilen Bewohner um 10 Uhr abgeholt worden waren, trudelten nach und nach auch die anderen Kollegen von der Versorgung der bettlägerigen Bewohner wieder ein, und ein Teil - unter anderem auch mein Ausbilder-Junge und ich - versammelte sich vor dem „unreinen" Raum, wo dann die Müll- und Wäschesäcke von der Morgenversorgung abgehängt und zur Entsorgung auf Wagen gepackt wurden. Die Anderen verschwanden im Stationszimmer vor den Computern und fingen eifrig an zu tippen.
Es ist schon wirklich erstaunlich, wie viel Müll auf so einem Wohnbereich mit 26 Bewohnern zusammenkommt. Wir hatten gut eine halbe Stunde zu tun, bis alle Säcke ausgetauscht, alle Gegenstände, die bei der Versorgung gebraucht worden waren, desinfiziert und alles ordentlich aufgeräumt und wieder an seinem Platz war.
Und über allem wachte Schwester Britta, die Stationsleitung. Sie saß zwar im Stationszimmer am Computer, aber hatte vor sich ein Fenster mit Blick auf den Wohnbereich und wenn man mal in die Richtung guckte, merkte man sofort, dass sie alles genau im Auge hatte und dass ihr nichts entging. Nachdem wir alles sauber hatten, zogen mein Ausbilder-Junge und ich dann mit zwei Wagen voller Müllsäcke und Altpapier los, damit er mir zeigen konnte, wo der ganze Krempel entsorgt wurde.

Unterwegs unterhielten wir beide uns ein bisschen und hatten eigentlich gleich einen ganz guten Draht zueinander, obwohl Benny über 20 Jahre jünger war als ich. Er erzählte mir, dass er das Praktikum für seinen Fachoberschulabschluss benötigte, aber nicht vorhatte, später einmal in der Pflege zu arbeiten. „Das ist nix für mich", grinste er und winkte ab.
Nachdem wir dann zehn Minuten später zurück auf dem Wohnbereich waren und auch noch die beiden Wagen desinfiziert hatten, stießen wir zu den Anderen in den Aufenthaltsraum, denn um halb elf war Frühstückspause für das Personal. Ein Blick auf die Uhr sagte mir, dass es mittlerweile bereits zwanzig vor elf war und ein Blick auf den Tisch verriet, dass die Anderen bereits längst angefangen hatten zu frühstücken. Da sich schon jeder Kaffee eingeschenkt hatte, war die Kanne auf dem Tisch bereits leer. Offenbar war niemand auf die Idee gekommen, für die Nachzügler auch noch mal Kaffee zu kochen. Das fand ich schon etwas merkwürdig für ein „Team" - während die Einen die Drecksarbeit machten, ließen es sich die Anderen gut gehen und dachten noch nicht einmal an ihre Kollegen, dass sie auf den Gedanken kamen, die könnten vielleicht auch einen Kaffee gebrauchen. Aber so sind manche Menschen eben … vielleicht fällt es denen noch nicht mal auf. Bei solchen Kleinigkei-

ten neige ich jedoch dazu, immer eine Spur von Fremdscham zu empfinden. Aber da ich auch einen Kaffee wollte, erkundigte ich mich nach der Kaffeekasse, legte 2 Euro auf den Tisch und setzte selbst noch mal eine Kanne auf. Um viertel vor elf hatten Benny und ich dann auch endlich einen Kaffee vor uns stehen und ich konnte endlich in mein Brot beißen. Mann, hatte ich einen Hunger.

Ja, und dann saß ich zusammen mit 6 oder 7 völlig fremden Menschen an einem Tisch. Und ich sagte ja schon, dass es vom Erscheinungsbild her schwer zu übersehen ist, dass ich etwas anders bin als Andere.

So passiert es mir zum Beispiel sehr, sehr selten, dass ich mal mit irgendeiner anderen Person im gleichen Raum bin, die mehr Tätowierungen an den Armen hat als ich. Gut, heutzutage ist es mit den Tätowierungen nicht mehr so schlimm wie vor zwanzig Jahren, als man noch angeguckt wurde wie ein Schwerverbrecher, wenn man als Frau an den Unterarmen tätowiert war. An diesem Morgen hatten jedoch weder die Männer noch die Frauen irgendwelche größeren sichtbaren Tätowierungen. Und da die Dienstkleidung in der Pflege kurzärmelig ist, stach ich aus dem ganzen Haufen schon durch mein Aussehen ziemlich heraus.

Dass ich darüber hinaus auch noch auf eine andere Weise anders bin, ist eine Sache, die ebenfalls sehr schnell auffällt. Das beginnt schon damit, wenn ich Fragen zu mir und meinem Leben gestellt bekomme. Wenn ich wahrheitsgemäß auf Fragen antworte, ist schnell klar, dass irgendetwas bei mir in ganz anderen Bahnen verläuft. Und selbstverständlich bekam ich viele Fragen gestellt und irgendwie glotzten alle mich ständig an. Solche Situationen sind für mich ziemlich unangenehm.

Mein Lebenslauf lässt sich nun mal nicht mit dem eines „normalen" Durchschnittsmenschen vergleichen. Das liegt zum einen an meinem ziemlich bewegten Leben und zum anderen daran, dass ich Asperger Autist bin. Das Asperger Syndrom ist eine Autismus-Spektrum-Störung und wird im Allgemeinen als Behinderung angesehen. Allerdings ist das eine Art von Behinderung, die man Einem nicht ansieht. Und der Schweregrad der Spektrum-Störung ist bei jedem Asperger Autisten unterschiedlich. In bin in der Lage, alleine zu leben, aber die Beschäftigungen, denen ich in meiner Freizeit nachgehe, haben wohl wenig mit dem gemeinsam, was die normalen Leute so machen. Ebenso habe ich nicht wie die meisten anderen Menschen mehrere soziale Kontakte, nehme an keinen Veranstaltungen teil und so weiter und so fort. Mein ganzes Privatleben ist quasi bestimmt von meinen Spezialinteressen, denen ich in jeder freien Minute nachgehe, sowie von Routinen und Ritualen, die ich benötige, um mein inneres Gleichgewicht zu halten, und nicht vor lauter Reizüberflutung zusammen zu brechen.

In der Interaktion mit Menschen bin ich insofern behindert, dass ich nicht in der Lage bin, Blicke und Mimik zu deuten und selbst nur über eine ziemlich eingeschränkte Mimik verfüge. Deswegen denken Menschen oft, ich würde „böse" gucken, sei arrogant, unnahbar und was-weiß-ich-nicht-alles. Da für mich die Augen eines Menschen keine große Aussagekraft darstellen und mich eher verwirren, schaue ich Menschen bei Gesprächen nicht unbedingt an, was oftmals als Desinteresse gewertet wird. Dinge wie Ironie verstehe ich überhaupt nicht und Small Talk, wie er unter den Menschen so üblich ist, gehört zu den Dingen, die ich weder verstehe noch kann und mag. Ich bin auch nicht wirklich in der Lage, „zwischen den Zeilen"-Gesprochenes zu verstehen. Diese Veranlagungen fehlen nun einmal im Gehirn eines Aspergers und das erschwert den Umgang mit „Normalen" - also neurotypischen Menschen. Allerdings sehe ich meinen Autismus nicht als eine Behinderung an und deswegen binde ich das auch nicht jedem auf die Nase, zumal, wenn ich die Leute noch gar nicht

kenne. Und schon gar nicht, wenn ich anfange, irgendwo zu arbeiten.
Soweit es ging, hielt ich mich also erst mal mit meinen Auskünften bedeckt und außerdem hatte ich Hunger und wollte endlich auch in Ruhe einen Kaffee trinken und die ersten Eindrücke, die ich in der Zwischenzeit gesammelt hatte, sacken lassen. Nachdem ich mein Brot gegessen hatte, erlöste mich mein Ausbilder-Benny aus der Situation, indem er mich fragte, ob ich mit ihm eine rauchen gehen wolle. Erleichtert schloss ich mich an. Zum Rauchen mussten wir in den Raucherpoint des Hauses irgendwo im Hinterhof und dafür hieß es erst mal im Galopp die Treppe runter, denn es war bereits 5 vor 11 Uhr. Zu der Zeit wusste ich noch nicht, dass die anderen Mitarbeiter - abgesehen von den Praktikanten - alle im Stationsbad qualmten. Denn da das Rauchen im Hause streng verboten war, war das Stationsbad quasi „der geheime Rauchplatz" des Wohnbereichs, was aber nur die Eingeweihten wussten.
Um 11 Uhr war dann die Pause zu Ende, auch für meinen Ausbilder-Benny und mich, die wir erst eine viertel Stunde später zur Pause erschienen waren als die anderen. Es ging wieder „in die Pflege" und Benny zeigte mir, wie man die bettlägerigen Bewohner „lagert". Lagern ist eigentlich ganz einfach und bedeutet: Wenn Menschen

bettlägerig sind und sich nicht mehr selbst bewegen und drehen können, bekommen sie alle 2 Sunden abwechselnd je unter eine Körperseite ein Kissen geschoben, damit sie sich nicht wundliegen. Das ist keine Kunst und wenn man einmal gesehen hat, wie es funktioniert, dann weiß man auch Bescheid. Ich schaute also ganz genau zu, wie Benny und die anderen das machten und am Ende des Rundgangs war meine Einweisung in Sachen „lagern" auch beendet.

Wenn man die ersten Tage im Altenheim arbeitet, dann wundert man sich wirklich, wie schnell die Zeit dort vergeht. Man hat ja ständig etwas zu tun und die Stunden vergehen wie im Fluge. Kaum hatten wir den Rundgang beendet, war es dann auch schon an der Zeit, die Essenswagen aus der Küche herauf zu holen und das Mittagessen vorzubereiten. Auch das Holen und Vorbereiten der Essenswagen gehörte offenbar zu Bennys Aufgaben, denn mit mir im Schlepptau zog er los, zeigte mir, wo die Küche war und wie die Tabletts für die Bewohner vorbereitet wurden. Dann folgte wieder das gleiche Procedere wie am Morgen und aus allen Winkeln kamen Mitarbeiter angehastet, schlüpften in ihre riesigen Überwurfschürzen und um Punkt 12 Uhr wurde das Essen ausgeteilt. Die Bewohner, die noch Zähne hatten und kauen konnten, hatten jeden Tag Auswahl zwischen zwei Menüs. Und man

musste schon sagen, dass das Essen auf ihren Tellern ziemlich lecker aussah und auch gut roch. Und zwar so gut, dass ich ein bisschen Hunger bekam. Nachdem alle mobilen Bewohner ihr Tablett mit dem Essen vor sich stehen und ihre Mittagsmedikamente eingenommen hatten, ging es dann wieder zum Anreichen in die Zimmer der bettlägerigen Bewohner und ich landete - wie schon am Morgen - wieder am Bett von Frau Erna.
Im Altenheim muss irgendwie alles schnell gehen, auch das Einnehmen der Mahlzeiten. Da das Essen auf Wärmeplatten aus der Küche kam und meistens im ersten Moment noch viel zu heiß zum Anreichen war, wurde eben kurzerhand mit dem Nachtisch angefangen, während das Hauptgericht noch abkühlte.
Irgendjemand hatte in der Zwischenzeit seit dem Frühstück den Radiosender verstellt und in Frau Ernas und Frau Amalies Zimmer plärrte lauthals Rockmusik. Schon bizarr, wenn in einem Zimmer zwei fast scheintote Frauen liegen und dazu in voller Lautstärke „Born to be wild" läuft. Innerlich musste ich ein bisschen über die schräge Situation grinsen.
Benny hingegen war die Situationskomik scheinbar gar nicht so bewusst, denn sein Kommentar zum Radiosender war lediglich „Cool!" und er pfiff beim Refrain fröhlich mit. Aber auch

all das schien die beiden Frauen in keiner Weise zu beeindrucken. Die laute Musik und Bennys Gepfeife drangen scheinbar nicht bis in die Welt vor, in der die beiden sich aufhielten. Es war das gleiche Szenario wie am Morgen. Beide Frauen lagen wie tot in den Betten und man musste schon ziemlich genau hingucken, um zu sehen, dass sie überhaupt noch atmeten. Auf Frau Ernas Schränkchen lag immer noch der verdreckte Sabberlatz vom Morgen, obwohl in der Zwischenzeit ja jemand zur Grundversorgung im Zimmer gewesen war. Ich zeigte Benny das dreckige Teil und fragte ihn, ob das normal sei. Der zuckte mit den Schultern und meinte nur: „Ist wohl vergessen worden. Da vorne in der Schublade liegen frische Servietten. Aber die sehen sowieso ruck-zuck wieder genauso aus!"
Ich hatte keine große Lust, meinem Ausbilder-Jungen, der jünger war als eine meiner Töchter, an meinem ersten Tag zu erklären, weshalb mich das so störte, und holte einfach aus der Schublade, die förmlich vor frischen Lätzen überquoll, ein sauberes Exemplar und band es Frau Erna um. So gefiel mir das schon viel besser. Dann wurden die Kopfteile wieder hochgefahren und los ging es mit dem Anreichen.
Wie schon beim Frühstück schraubte auch dieses Mal Frau Erna in Rekordtempo zuerst den Nachtisch und dann das breiige Mittagessen in der

Farbkombination gelb/grün/braun (Kartoffelpüree, Erbsenpüree und Fleischbrei mit brauner Soße) herunter und wieder war es so wie bereits am Morgen, dass sie zwischen den einzelnen Löffeln aus voller Kehle „LALALALA..." sang oder vielmehr schrie und sobald man einen Löffel in den Mund schob, war wieder Ruhe. Und während der ganzen Aktion hatte sie die Augen fest geschlossen. Den Becher mit dem Getränk wollte ich ihr eigentlich in kleinen Schlückchen während des Essens verabreichen - aber da hatte ich die Rechnung ohne Frau Erna gemacht. In dem Moment, als ich ihr den Schnabelbecher an den Mund führte, schnappte Frau Erna wieder mit ihrem zahnlosen Mund zu und pumpte die ganzen 200 ml Saft auf einen Rutsch ab. Ungefähr gleichzeitig waren Benny und ich dann mit dem Anreichen fertig und wir dokumentierten die Flüssigkeitseinfuhr in den Bilanzierungsbögen. Kaum hatten wir das erledigt, da hörte man bereits auf dem Flur auch schon wieder das Heranpoltern des Essenswagens.

Die Anderen waren offensichtlich auch schon alle fertig mit dem Anreichen und kamen nun, um die Tabletts einzusammeln. Unter gemütlich essen stellt man sich im Allgemeinen was anderes vor, aber ein Altenheim ist nun mal kein Wunschkonzert und die alten Leute waren offenbar schon ziemlich darauf gedrillt, dass alles schnell gehen musste. Als wir mit dem Essenwagen im Aufenthaltsraum ankamen, waren die Kollegen, die im anderen Flügel des Wohnbereichs angereicht hatten, schon wieder von ihrer Runde zurück und waren inzwischen dabei, die Tabletts der Bewohner, die im Aufenthaltsraum aßen, abzuräumen. Auf einigen Tellern war noch ein guter Teil des Essens und ich nahm an, dass die Leute entweder nicht so schnell essen konnten oder keinen Appetit mehr hatten. Ehrlich gesagt würde mir auch der Appetit vergehen, wenn während des Essens schon jemand neben mir stehen würde, den es in den Fingern juckt, mein Tablett abzuräumen. Irgendwie tat es mir ein bisschen in der Seele weh zu sehen, wie viel Essen dort weggeschmissen wurde und ich dachte darüber nach, dass mein Hund und meine fünf Katzen allein von dem Fleisch, das auf den Tellern liegen geblieben war, bestimmt zwei Tage satt geworden wären und dass dort das ganze restliche Essen ohne mit der Wimper zu zucken weggeschmissen wurde.

Bei dem Saft, der zum Mittagessen gehörte, kam allerdings keiner der Bewohner um das Leertrinken seines Glases herum. Aus allen Ecken des Raumes hörte man die Aufforderung:"Trinken Sie Ihr Glas leer … Sie müssen trinken!" Und wenn man sich die Bewohner genau anguckte, merkte man, dass diese sehr wohl wussten, dass

sie erst dann Ruhe bekommen würden, wenn das Glas leer war.
Nach dem Essen und nachdem auch der letzte Bewohner endlich nach mehrfacher Aufforderung sein Glas leergetrunken hatte, ging es wieder genauso zu wie bereits am Morgen nach dem Frühstück. Die Tische wurden wieder abgewischt und desinfiziert und die Stationsküche wurde in Ordnung gebracht. Danach mussten die beiden Essenswagen mit den benutzen Tabletts in das Erdgeschoss zur Küche zurück gebracht werden. Für diese Aufgaben waren wieder die gleichen Leute zuständig wie schon am Morgen für das Aufräumen nach der Grundversorgung. Also mein Ausbilder-Benny, ein anderer ziemlich junger Schüler oder irgendwas und ich. Der Rest der Belegschaft hatte sich in der Zwischenzeit wieder vor die Computer im Stationszimmer gesetzt oder war sonst irgendwohin verschwunden. Benny konnte man inzwischen ziemlich deutlich ansehen, dass seine Energie-Reserven für diese Schicht weitestgehend verbraucht waren und dass er keine große Lust mehr hatte. Alle paar Minuten ging sein Blick in Richtung Uhr und er stöhnte leise und unlustig vor sich hin: "Verdammt, noch eineinhalb Stunden!"
Nachdem dann endlich alles rund um das Mittagessen erledigt war, ging es in die „letzte Runde" des Frühdienstes. Zunächst einmal hatten

Benny, der andere junge Schüler und ich die Aufgabe, alle mobilen Bewohner noch mal aufs Klo zu setzen und danach zur Mittagsruhe aufs Bett zu legen. Für mich war zwar durch das Arbeiten der Vormittag wie im Fluge vergangen, aber wenn man sich mal überlegt, dass die meisten Bewohner im Altenheim mindestens 80 Jahre auf dem Buckel haben, dann wundert es einen nicht, dass sie mittags um halb Eins fix und fertig sind und erst mal eine Runde Mittagsschlaf brauchen, zumal der Tag für sie ja auch ziemlich früh anfängt.
Alte Leute und kleine Kinder haben in solchen Situationen einiges gemeinsam. Dazu gehört unter anderem auch, dass sie ziemlich quengelig werden, sobald sie müde sind. Jeder will zuerst aufs Klo und ins Bett. Und wieder hatten wir eine gute halbe Stunde zu tun, bis jeder sein Geschäft verrichtet hatte und auf dem Bett lag. Mir fiel ziemlich bald auf, dass manche Bewohner versuchten, den „Toilettengang" mit allen möglichen „Tricks" in die Länge zu ziehen. Das konnte man den Leuten natürlich nicht verübeln, denn abgesehen von Toilettengängen und der Grundversorgungszeit gab es für sie keine großartigen Möglichkeiten, persönliche Zuwendungen zu erhalten. Und es tat mir schon ein bisschen leid, dass ich immer auf die Uhr gucken musste und auch bei dem Einen oder Anderen mal darauf

hinweisen musste, dass wir uns ein bisschen beeilen mussten. Denn schließlich gab es einige Leute, die hingelegt werden mussten. Dann kam der letzte Rundgang durch die Zimmer der Bettlägerigen, die etwa ein Drittel der Bewohnerschaft ausmachten. Wenn man ganz neu in der Altenpflege ist und bei den ersten Rundgängen alles glatt läuft, muss man aufpassen, dass man nicht die Vorstellung bekommt, das wäre immer so.

Denn wenn man eine Zeit lang in der Pflege arbeitet, dann weiß man Eines: Wie lange so ein Rundgang dauert, das hängt immer davon ab, was einen hinter den Türen der Bewohnerzimmer erwartet. Das sind natürlich alles Dinge, über die ich damals überhaupt noch nicht nachgedacht habe und die ich erst im Laufe der Zeit mitbekam. Und egal, was Einen hinter einer Türe erwartet - das Zeitfenster ist immer das Gleiche. Wenn man also „Glück" hat und alles ist in Ordnung und der Bewohner schwimmt nicht bis zur Halskrause im Stuhlgang, dann ist so ein Rundgang in einer halben Stunde gut zu schaffen und man kann bei jedem Bewohner auch mal für einen Moment stehenbleiben und ein paar Worte reden. Das ist für viele der Bewohner - vor allen Dingen für diejenigen, die im Bett liegen, aber noch etwas von dem mitbekommen, was um sie herum passiert - enorm wertvoll, da nur wenige von ihnen überhaupt Besuch bekommen und bei nur ganz wenigen Ausnahmen diese Besuche auch regelmäßig sind.

Wissen Sie, wenn man sich vorstellt, dass diese Menschen da Tag für Tag in den Betten liegen und außer dem pastoralen Dienst und der Sozialassistentin, die ja auch für jeden Bewohner nur ein fest begrenztes Zeitfenster zur Verfügung hat, als einzige Highlights des Tages die Momente haben, in denen das Pflegepersonal im Zimmer ist, dann weiß man, wie wichtig diese Zeit für die Bewohner ist. Solche Minuten, in denen man mal an einem Bett stehen und die Hand halten kann, tun den Leuten unheimlich gut … weil die haben ja sonst eigentlich nix mehr so großartig, worüber sie sich im Leben freuen können.

Und wenn alles gut läuft bei so einem Rundgang, dann hat man im besten Fall auch noch mal ein oder zwei Minuten Zeit, sich kurz im Zimmer umzugucken, ob alles in Ordnung und aufgefüllt ist, ob der Mülleimer ausgeleert ist oder schmutzige Becher oder so etwas rumstehen - naja, ich meine damit eben, man hat noch mal einen Moment Zeit, um das Zimmer wieder in einen vernünftigen und menschenwürdigen Zustand zu bringen. Dazu gehört zum Beispiel auch, dass man, wenn man sieht, dass ein Bettbezug beim Mittagessen „was abbekommen" hat, den mal eben abzieht und die Bettdecke frisch bezieht.

Keiner will gerne in einem versifften Bett liegen und es ist eine Angelegenheit von vielleicht zwei Minuten. Naja, jedenfalls hat man für so etwas aber auch wirklich nur dann Zeit, wenn der Rundgang gut läuft und keine Überraschungen unter den Bettdecken lauern.
Manchmal ist es aber auch so: Man kommt in ein Zimmer, und man riecht sofort, was da los ist. Und wenn man in dem Zimmer fertig ist und geht ins Nächste, macht man die Tür auf und riecht wieder sofort, was da los ist.
Wenn es Bauernregeln über Altenheimalltag geben würde, dann würde eine davon lauten:„Hat einer Stuhlgang, haben alle Stuhlgang". In dem Moment, wo man z.B. bei einem bettlägerigen Bewohner das Laken beziehen muss, weil er so im Stuhlgang „schwimmt", dass die ganze Grütze über die Inkontinenzeinlage gelaufen ist, muss man anfangen, auf Zeit zu arbeiten. Da muss dann jeder Handgriff sitzen. Und zwar aus zwei Gründen. Besonders Bewohner mit starker Demenz oder HOPS (hirnorganisches Psychosyndrom), die überhaupt nicht mehr einordnen können, was jetzt gerade mit ihnen passiert, bekommen ziemlich schnell Angst, wenn so eine Aktion zu lange dauert und davon abgesehen fehlt Einem jede Minute, die man zu lange in einem Bewohnerzimmer verbringt, dann wieder im nächsten Zimmer. Also muss alles ziemlich zü-

gig über die Bühne gehen. Das sind aber alles Dinge, die ich erst in der Folgezeit lernte.
An meinem ersten Arbeitstag verlief der Rundgang jedenfalls ohne größere Zwischenfälle und als wir dann um kurz vor halb Zwei zur Übergabe im Stationszimmer saßen, merkte ich dann zum ersten Mal so richtig, wie müde und kaputt ich war.
Die anderen Kollegen aus dem Frühdienst waren inzwischen bereits alle im Stationszimmer anwesend und wieder kamen für mich weitere unbekannte Gesichter hinzu- nämlich die Kollegen vom Spätdienst. Es gab ein kurzes Vorstellen und dann folgte - wie bereits am Morgen in der Übergabe durch den Nachtdienst - eine halbe Stunde ausführliches Gespräch über die einzelnen Bewohner, über ihre Stuhlgänge, Arztbesuche, eingetroffene Faxe, gerichtliche Verfügungen und weiß der Geier was sonst noch alles. Und in der Zwischenzeit klingelte alle paar Minuten das Telefon, ständig saß irgendjemand anderes an den beiden Computern und es ging zu wie im Bienenstock.
Was mir direkt auffiel, war, dass während der Übergabe hauptsächlich Schwester Britta und eine andere Schwester redeten, obwohl die beiden nach der Morgenversorgung nur noch am Computer gesessen hatten und eigentlich von dort aus gar nicht mitbekommen konnten, wie es

den Bewohnern ging. Das wunderte mich ein bisschen. Ich selbst hatte nichts weiter zu tun, als blöd rumzusitzen, denn ich hatte bei der Übergabe noch nichts mitzureden und konnte mich auch sonst nicht nützlich machen. Und ich merkte auch schnell, dass „mein" Benny ebenfalls nichts Großartiges bei der Übergabe zu melden hatte, denn als die Namen der Bewohner genannt wurden, die Benny und ich versorgt hatten, kam dieser gar nicht erst zu Wort, sondern Schwester Britta redete … und redete … und redete …
Ich fragte mich einen kurzen Moment lang, ob sie wohl mit Copperfield verwandt sei, aber irgendwie wurde ich auch von Minute zu Minute müder und die Stimmen vermischten sich zu einem einschläfernden Brei und ich schaltete kurz ab.
Wenn man nämlich das erste Mal im Altenheim gearbeitet hat, wo man quasi den ganzen Morgen hin und her rennt, wird man plötzlich unheimlich müde, wenn man mittags eine halbe Stunde auf einem Stuhl sitzen muss und nichts machen kann … und auch zum Gespräch nichts beitragen kann. Jedenfalls hatte ich echt damit zu kämpfen, dass mir nicht die Augen zufielen. Die Übergabe war für mich die längste halbe Stunde des Vormittags und ich war wirklich richtig froh, als es endlich 14 Uhr war und ich die Treppe hinunter zu den Umkleideräumen ging. Das Gebäude war

mir noch völlig fremd und so irrte ich eine Weile im Keller herum, bis ich endlich den richtigen Umkleideraum gefunden hatte.
Das Schöne an der Altenpflege ist, dass man mit der Arbeitskleidung auch die Verantwortung für diesen Tag ablegt. Das sollte man zumindest, wenn man mit diesem Beruf glücklich sein will. Ich habe im Laufe der Jahre auch schon so manche Kollegen kennen gelernt, die nicht abschalten konnten und sich in ihrer Freizeit weiter Gedanken über die Bewohner gemacht haben.
Natürlich ist nichts dabei, wenn man zuhause mal an einen Bewohner denkt, aber wer in seiner Freizeit permanent an die Leiden und das Siechtum der Bewohner denkt, tut sich selbst damit keinen Gefallen. Während des Dienstes sieht man hauptsächlich Elend, Krankheit und Verfall. Und wer das mit nach Hause schleppt, schafft sich so seine eigene Hölle. Depressionen und Burn-Out sind bei Pflegepersonal wirklich keine Seltenheit.
Na ja, als ich an diesem ersten Tag das Altenheim verließ und auf mein Fahrrad stieg, war ich von all dem noch weit entfernt und hatte so ein tiefes Gefühl von Zufriedenheit mit mir und meinem Dasein, dass ich völlig beflügelt nach Hause fuhr. Während mir der Fahrtwind um die Nase wehte, ließ ich noch mal den Morgen Revue passieren, wobei ich mich hauptsächlich an

die Momente erinnerte, die ich mit den Bewohnern verbracht hatte. Die Übergaben und auch besonders die beklemmende viertel Stunde im Frühstücksraum hatte ich ziemlich weit nach hinten gedrängt. Und im Gegensatz zu den Bewohnern, die ich noch klar und lebendig vor meinem geistigen Auge sah, fingen die Bilder der Kollegen bereits auf dem Nach-Hause-Weg schon wieder an zu verblassen.

Auf dem Heimweg machte ich noch einen kleinen Zwischen-Stopp, um Futter für die Tiere einzukaufen.

Als ich dann um 15 Uhr endlich den Schlüssel in meine Wohnungstüre steckte, wurde ich bereits sehnsüchtig von meinem Hund und meinen 5 Katzen erwartet, die es gar nicht gewohnt waren, dass ich so lange außer Haus war. Der Hund war völlig aus dem Häuschen und man sah ihm an, dass er dringend eine Runde „Gassi" brauchte, zumal er am Morgen durch das frühe Rausgehen so irritiert war, dass er noch nicht mal gekackt hatte. Leicht belustigt stellte ich beim Gassi gehen fest, dass ich schon ganz nach Altenpflege-Art seinen Kackhaufen bilanzierte, während ich ihn in die Hundekot-Tüte packte.

Nachdem ich das dann erledigt und auch noch die Tiere gefüttert hatte, wollte ich mich eigentlich nur mal eine Viertelstunde ausruhen, aber ich war von der ungewohnten Arbeit so dermaßen platt, dass ich auf der Stelle einschlief und erst am frühen Abend wieder aufwachte. Auch den Rest des Tages über war ich irgendwie völlig gelähmt und hing nur träge auf der Couch rum. Und dann war es auch schon wieder Abend und Zeit, ins Bett zu gehen, denn am nächsten Morgen hieß es wieder um fünf Uhr aufstehen.

In den nächsten Tagen lernte ich an der Arbeit immer mehr dazu. Schon am nächsten Morgen musste ich nicht mehr mit Benny bei der Grundversorgung mitlaufen, sondern bekam einen eigenen Laufzettel, auf dem drei mobile Bewohner standen, die ich vor dem Frühstück zu versorgen hatte. Es wurden kurz die Dinge angesprochen, die bei den jeweiligen Bewohnern zu beachten waren, und dann ging es los. Im Umgang und im Gespräch mit den alten Leuten hatte ich von Anfang an keine Probleme. Schnell lernte ich die einzelnen Bewohner besser kennen, merkte mir ihre Namen, schrieb mir zuhause zu jedem Bewohner Details auf, die mir bei der Versorgung und in den Gesprächen aufgefallen waren. Außerdem notierte ich mir jeden Fachbegriff, den ich bei der Arbeit hörte und gab ihn zuhause im Internet ein, damit ich ihn an der Arbeit auch entsprechend verwenden konnte. Mein Lerneifer und mein Interesse an Fachbegriffen wurde zwar belächelt und ich bekam Kommentare zu hören, ob ich wohl bald meinen „Doktor" machen wolle und woher ich denn mein Wissen hätte, aber das interessierte mich herzlich wenig. Dass ich arbeiten konnte, schien man zumindest zu bemerken, und so war ich schon nach kürzester Zeit soweit, dass ich auch alleine Bewohner der Pflegestufen 2 und 3 versorgen konnte.

Wissen Sie, einer der Vorteile, Asperger zu sein, ist, dass man sich unheimlich schnell Dinge merken und gut lernen kann. Und wenn ich mich für ein Thema besonders interessiere, kann ich mich da so rein knien, dass ich innerhalb kürzester Zeit ziemliches Wissen anhäufe. Allerdings merkte ich schon ziemlich bald, dass das bei den Kollegen - vor allem bei den Examinierten - nicht so besonders gut ankam, wenn ich bei der Übergabe meinen „Senf" zu den Bewohnern, die ich versorgt hatte, dazu gab. Allerdings verstand ich nicht warum, da ich noch vollkommen im Begeisterungsrausch war und auch noch dem Irrglauben unterlag, dass genaue Beobachtung und die Zusammenarbeit Aller innerhalb des „Teams" eine gute Altenpflege ausmachte. Bemerkungen der Kollegen wie „Neue Besen kehren gut" und „Du wirst auch noch ruhiger" ärgerten mich zwar ein bisschen und ich dachte mir, dass Motivation wohl irgendwie anders aussah, aber ich ließ sie einfach quatschen und machte weiter mein Ding. Schließlich war ich ja nicht wegen der Kollegen hier, sondern wegen der

Bewohner. Und irgendwie hatte ich auch keine Lust, jedem von den Kollegen zu erklären, dass ich mich berufen fühlte, denn mir war schon irgendwie klar, dass die das sowieso nicht verstehen würden. Wir Asperger nehmen die Welt ein bisschen anders wahr. Und ich denke, wenn es keinen Sinn hätte, dass Menschen mit dieser Sichtweise existieren, dann gäbe es sie auch nicht. Also wird das schon seinen Sinn haben. Nachdem ich mit der Zeit das Personal - und das sind auf so einem Wohnbereich schon einige Leute - und deren Qualifikation kennen gelernt und mir auch endlich all ihre Gesichter gemerkt hatte (was bei den Kollegen ungefähr zehn Mal so lange dauerte wie bei den Bewohnern), wurde mir dann so langsam bewusst, dass innerhalb des "Teams" so eine Art Hierarchie oder Hackordnung herrschte, als wäre das ein Mikro-Universum. So merke ich zum Beispiel im Laufe der Zeit, dass es bei einer Übergabe gar nicht in erster Linie darum ging, dass jeder seine Meinung und seine Beobachtungen beisteuerte, sondern eher darum, dass die Oberen in dem Gefüge sich voreinander profilierten, denn irgendwie war von Anfang an so ein bisschen zu spüren, dass zwischen den Hauptverantwortlichen nicht alles so ganz rund lief.
Ganz oben in dem Universum „Wohnbereich" stand die Stationsleitung. In dem Fall war das

Schwester Britta. Zu der Zeit, als ich in der Pflege anfing, war sie gerade Anfang 50. Dass Schwester Britta damals den Wohnbereich voll unter Kontrolle hatte, darin bestand kein Zweifel. Das merkte man schon, wenn man morgens zum Dienst kam. Hatte Schwester Britta die Schichtleitung, dann waren aber auch wirklich ALLE morgens um Punkt halb 7 im Stationszimmer versammelt. Und jeder arbeitete einigermaßen gewissenhaft und sorgte dafür, dass die Bewohnerzimmer zumindest halbwegs in vernünftigem Zustand waren, so wie die Standards für Altenheime es vorgeben. Damals wäre auch noch niemand auf die Idee gekommen, sein Handy mit auf den Wohnbereich zu nehmen, was übrigens heute noch genauso verboten ist wie damals, nur dass sich heutzutage kein Mensch mehr daran hält.

Ganz am Anfang meiner Laufbahn hatte ich noch künstliche Fingernägel und Schwester Britta erklärte mir direkt am ersten Arbeitstag freundlich, aber bestimmt, dass dies in der Pflege nicht erlaubt sei. Das war damals überhaupt kein Problem für mich und ich machte die Dinger sofort an dem Tag noch ab. Das Gleiche galt für große Ohrringe und Ringe an den Fingern, sowie Armbänder, Uhren etc. und das leuchtete mir auch alles völlig ein. Meine Tattoos hingegen ließen Schwester Britta völlig kalt, da sie ja kein hygienisches Problem darstellten. "Was hier zählt, ist Leistung", sagte sie am ersten Tag zu mir. Den Satz fand ich damals unheimlich klasse und schrieb ihn mir als Motto auf die Fahne. Genau so wollte ich die Altenpflege angehen.

In der Hierarchie ging es nach Schwester Britta dann weiter mit den examinierten Vollzeitkräften, die ebenfalls die Qualifikation A hatten und unter denen es an den Tagen, an denen Schwester Britta nicht da war, immer ein gewisses Maß an Reiberei darum gab, wer mehr zu sagen hatte. Danach kamen die examinierten Teilzeitkräfte, dann die Schwesternhelferinnen mit einjährigem Examen, danach die Schwesternhelferinnen, die nur einen sechswöchigen Kurs absolviert hatten. Und ganz unten im Gefüge waren dann die Aushilfen, die Auszubildenden, Praktikanten, FOS'ler (Fachoberschule), die FSJ'ler (freiwilliges soziales Jahr) und sonstiges Volk angesiedelt. Und zu sonstigem Volk zählte ich zu der Zeit. Also mit anderen Worten: Ich war eines der kleinsten Lichter, deren Meinung zu dem Befinden der Bewohner bei einer Übergabe absolut nicht gefragt waren.

Ich ließ mich jedoch durch nichts beirren und kniete mich weiter in meiner Freizeit in das Selbststudium der Altenpflege. Auch an der Arbeit war ich stets höchstmotiviert und ackerte, als ginge es um mein Leben. Und dabei fühlte ich mich unheimlich gut. Alles hatte einen Sinn und ich fuhr jeden Tag mit dem Vorsatz an die Arbeit, den alten Menschen dort einen würdigen Tag zu bereiten. Nachdem dann die drei Monate für meine Arbeitsgelegenheit um waren, kam mir der Zufall zu Hilfe. Eine Kollegin auf dem Wohnbereich - Schwester Ingrid - hatte einen Bandscheibenvorfall erlitten und musste operiert werden und anschließend in Reha. Sie fiel also für längere Zeit aus und es wurde eine Krankheitsvertretung für ihre Stelle gesucht. Der damalige Pflegedienstleiter, bei dem ich irgendwie von Anfang an „einen Stein im Brett" hatte und der sofort erkannt hatte, dass es mir tatsächlich um die alten Leute ging, sorgte dafür, dass ich - auch ohne Ausbildung oder sonstige Qualifikation - die Stelle als Krankheitsvertretung bekam. An diesem Tag hätte ich am liebsten die ganze Welt umarmt. Ich stand jetzt mit meinen 40 Jahren in der Hackordnung des Wohnbereichs nicht mehr ganz unten. Und da alle sahen, wie sehr ich mich ins Zeug legte und dass ich gut mit den Bewohnern zurechtkam, bekam ich auch nach und nach immer verantwortungsvollere Aufgaben. Ich habe es von Anfang an geliebt, mich an der Arbeit total auszupowern, und zu meinen Lieblingstätigkeiten gehörten auch meisten solche Aufgaben, auf die anderen Kollegen nicht so besonders Lust hatten, wie zum Beispiel das

Haare waschen und Betten beziehen bei bettlägerigen Bewohnern.
Wenn jemand im Bett liegt, der gar nichts mehr mitbekommt, ist das gar nicht so einfach, demjenigen die Haare zu waschen und das Bett zu beziehen … vor allen Dingen das Laken zu wechseln, während jemand im Bett liegt, ist am Anfang ein bisschen kompliziert. Aber wenn man erst mal raushat, wie es funktioniert, macht es richtig Spaß. Also mir haben solche Tätigkeiten zumindest immer Spaß gemacht. Und vor allen Dingen hatte ich auch immer ein richtig gutes Gefühl, wenn die Bewohner tip top in den Betten lagen, denn viel mehr Gutes konnte man denen während der Versorgung eigentlich nicht tun.
Und so war ich von Anfang an immer darauf erpicht, dass die bettlägerigen Bewohner wie aus dem Ei gepellt aussahen. Und da mein Blick durch mein Asperger Syndrom sehr stark auf Details ausgerichtet ist, fielen mir auch immer gleich Dinge ins Auge, die lieblos gemacht oder vernachlässigt worden waren.
Man konnte schon daran, wie ein Bewohner nach der Grundversorgung aussah, erkennen, wie viel er oder sie demjenigen, der die Versorgung durchgeführt hat, wert war. Es gab Kollegen, bei denen die Bewohner immer ordentlich aussahen und dann gab es solche, denen völlig egal war,

wie die Bewohner aussahen und die einfach irgendwas aus dem Schrank nahmen. Einfach ohne zu überlegen das, was gerade zuoberst im Stapel lag. Ob das Nachthemd jetzt hässlich war oder ob Knöpfe fehlten, interessierte manche überhaupt nicht. Das waren solche Sachen, die mich von Anfang an auf die Palme gebracht haben. Also um genau zu sein, hätte ich bei so was kotzen können.
Wissen Sie, wenn man darauf angewiesen ist, in einer Pflegeeinrichtung zu leben, und hat noch ein paar Kröten auf der hohen Kante, geht alles dabei drauf. Und zwar bis zum letzten Cent. Das habe ich schon zig Mal erlebt. Da sollte es doch wohl drin sein, dass man erwarten kann, dass diese Leute wenigstens top gepflegt in den Betten liegen.
Jedenfalls war ich zu der Zeit voll im Arbeitsrausch. Innerhalb kürzester Zeit hatte ich zu nahezu allen Bewohnern ein herzliches Verhältnis aufgebaut, ging in meiner Freizeit auch ab und zu mal die Bewohner mit meinem Hund besuchen und brachte gepflückte Blumensträuße mit und dekorierte die Zimmer der bettlägerigen Bewohner. Da ich keine familiären Bindungen habe, war ich auch von Anfang an immer sofort bereit einzuspringen, wenn jemand den Dienst tauschen oder frei machen wollte. Und obwohl ich völlig anders war als die anderen, wuchs ich

durch meine Leistung nach und nach zumindest ein bisschen in das Team hinein. Die Arbeit machte mir unwahrscheinlich viel Spaß und ich erfuhr eine Menge über die einzelnen Bewohner und wie sie gelebt hatten, lernte manchmal auch Angehörige kennen und war eigentlich rundum glücklich und zufrieden.
Noch besser wäre es gewesen, wenn es keine Pausen gegeben hätte. Asperger Autismus hat eine Menge Stärken. Soziale Interaktion gehört allerdings nun mal nicht dazu. Und daran änderte sich auch nichts, als ich schon eine Zeit lang auf dem Wohnbereich war und die Kollegen besser kannte. Während der Pausen blieb ich weiterhin die etwas sonderbare Außenseiterin. Meistens trank ich meinen Kaffee, aß mein Brot und verkrümelte mich dann in den Raucherbereich. Der Umgang mit den Bewohnern stand für mich von Anfang an auf einem anderen Blatt. Da gab es niemals Probleme. Alte Menschen haben ziemlich einfache Bedürfnisse und sind meistens gar nicht mehr in der Lage, falsch zu sein oder irgendwelche Spielchen mit einem zu spielen. Und ihre Signale sind ziemlich einfach zu erkennen - auch für jemanden wie mich. Problematisch war von Anfang an für mich allein der Umgang mit den Kollegen.
Nachdem ich die Mitarbeiter des Wohnbereichs nun mittlerweile alle kannte und wusste, wer wer

war und welchen Rang er hatte, merkte ich immer deutlicher, was für ein Gehetze und Gelästere unter den Kollegen ablief. Im Grunde genommen war es oftmals so, dass jeder, der gerade nicht im Raum anwesend war, das bildliche Messer in den Rücken gerammt bekam. Am meisten verwunderte es mich, dass solche Lästereien ganz offen und für alle anderen hörbar stattfanden und dass die Lästerer sich scheinbar keine Sorgen darüber machten, dass irgendjemand den Betroffenen stecken könnte, was über sie geredet wurde.

Und ich merkte auch allmählich, dass es bestimmte Kollegen gab, die um die Arbeit einen großen Bogen machten, ich war aber noch so im Arbeitswahn, dass ich mir keine weiteren großen Gedanken über so was machte, und versuchte, die Defizite irgendwie auszugleichen, indem ich stehen gelassenes Zeug wegräumte und immer bei den Rundgängen einen kleinen Wagen mitnahm, auf dem ich die wichtigsten Sachen, die man bei pflegebedürftigen Bewohnern benötigt, gepackt hatte, um sie in den Zimmern, wo etwas fehlte, aufzufüllen. Einen großen Rückhalt hatte ich in dem damaligen Pflegedienstleiter, der erkannte, dass die Tätigkeit in der Pflege zu 100 % meinem Asperger Autismus entgegen kam allein dadurch, dass der ganze Tagesablauf durchstrukturiert war und es für jeden Vorgang eine Ver-

fahrensanweisung gab. Das ist für einen Asperger so etwas wie „das gelobte Land".
Für neurotypische Menschen (also die „Normalen") hört sich so etwas vielleicht verrückt an, aber für einen Asperger Autisten gibt es kaum etwas Tolleres als ein Leben nach Plan. Und zwar sowohl im beruflichen als auch im privaten Bereich. Auch zuhause muss bei mir alles nach Plan vonstatten gehen. Ein Tag, der nach Plan verläuft, ist für mich ein guter Tag. Und eine Arbeit, die nach Plan verläuft, ist eben eine gute Arbeit. Und das höchste Ziel war für mich immer, eine gute Arbeit abzuliefern.

So zogen die Monate ins Land. Irgendwann war es dann so weit, dass Schwester Ingrid, die Kollegin, für die ich seinerzeit den Vertrag als Krankheitsvertretung bekommen hatte, in die Wiedereingliederung ging und ich wurde - damit ich weiter im Haus arbeiten konnte - von einem Tag zum anderen auf einen anderen Wohnbereich versetzt. Im ersten Moment war das für mich eine Katastrophe. Gerade jetzt, wo ich mich gut eingelebt hatte und mich prima auf dem Wohnbereich auskannte und mit allen Bewohnern super zurechtkam, musste ich urplötzlich wechseln. Das war hart.

Ein anderer Wohnbereich ist wie eine andere Welt. Wieder war ich in der Situation, dass ich mit neuen Kollegen zu tun hatte und wieder gab es eine Menge unangenehmer Fragen. Aber es gab auch einige Unterschiede zu meinem alten Wohnbereich, die mir gleich angenehm auffielen. So wurde zum Beispiel gemeinsam gefrühstückt - und zwar erst dann, wenn alle Arbeiten erledigt waren. Und es wurde zum Frühstück gleichermaßen für alle der Tisch gedeckt und Kaffee gekocht. Allerdings war der Frühstücksraum auf diesem Wohnbereich winzig klein und man hing sich während der Pause so auf der Pelle, dass man noch nicht einmal genug Platz hatte, um die Zeitung zu lesen. Ich verbrachte - wie vorher - einen Großteil der Pausen im Raucherpoint und da dieser, ebenso wie mein neuer Wohnbereich im Erdgeschoss lag und ich nicht mehr durch das ganze Haus laufen musste, qualmte ich jetzt eben in den Pausen eine mehr als vorher. Der neue Wohnbereich war fest in polnischer Hand und von der Organisation und den Arbeitsabläufen ging es hier ganz anders zu als auf meinem alten Wohnbereich. Die Stationsschwester war streng, aber freundlich und gerecht, es gab im Gegensatz zu meinem alten Wohnbereich einen festen Duschplan für die Bewohner und es wurde jeder, den man noch irgendwie mobilisieren konnte, aus dem Bett geholt. Das war zwar vom Arbeiten her für das Personal ziemlich anstrengend, machte aber Sinn, weil durch das Mobilisieren die Lebensqualität

der Bewohner erheblich höher war, als wenn sie nur im Bett lagen und an die Decke starrten. Nachdem ich mich eingearbeitet hatte und allmählich auch hier zurecht fand, dachte ich zwar manchmal noch wehmütig an meinen alten Wohnbereich und meine liebgewonnenen Bewohner, entdeckte auf dem neuen Wohnbereich aber auch Dinge, die mir gut gefielen und hatte auch schnell einen guten Draht zu den Bewohnern, mit denen ich nun hier zu tun hatte.
Doch auch auf diesem Wohnbereich merkte ich sehr schnell, dass man als ungelernte Kraft keinerlei Anerkennung bei den examinierten Kollegen fand und dass auch dort in den Übergaben wenig Wert darauf gelegt wurde, dass jemand, der nicht examiniert war, seine Meinung über den Zustand der Bewohner äußerte. Das ging mir mehr und mehr auf die Nerven, zumal ich wirklich ein Arbeitstier bin und mindestens genau so viel Leistung erbrachte wie die gelernten Schwesternhelferinnen und ich wurde allmählich richtig unzufrieden mit der Gesamtsituation. Also machte ich einen Gesprächstermin mit dem Pflegedienstleiter aus, der für mich von Anfang an immer ein offenes Ohr gehabt hatte und erklärte ihm meine Unzufriedenheit. Mein Wunsch, in der Altenpflege zu bleiben, stand felsenfest, ich wollte aber nicht bis ans Ende aller Zeit als der ungelernte Depp vom Dienst die

Drecksarbeit machen und ansonsten das Maul zu halten haben.

Herr Huber - der damalige Pflegedienstleiter - verstand sofort, was ich meinte, und bot mir an, die Ausbildung zur staatlich examinierten Altenpflegerin zu machen. Ich war sofort Feuer und Flamme von der Idee und schon am Ende des Gesprächs stand für mich fest, dass ich das Angebot annehmen würde. Zuhause begann ich sofort zu recherchieren, was ich alles für die Ausbildung benötigte. In den kommenden Wochen forderte ich fehlende Zeugnisse aus den Archiven der Schulen an, die ich vor über zwanzig Jahren besucht hatte, ließ mir ein polizeiliches Führungszeugnis ausstellen, einen Gesundheitscheck beim Arzt machen und bewarb mich bei den Altenpflegeschulen im Umkreis. Vier Wochen später hatte ich die Zusage von einer Altenpflegeschule und von „meinem" Altenheim als Ausbildungsstätte in der Tasche. Und das Beste war - als Schülerin wurde ich wieder meinem alten Wohnbereich zugeteilt. Ich war rundum glücklich und war der festen Meinung, dass es von nun an bergauf gehen würde.

Und zwei Monate später saß ich dann tatsächlich zum ersten Mal seit über 20 Jahren wieder in einer Schule. Das war natürlich erst mal eine Umstellung. Meine Güte - ich hatte völlig vergessen, wie nervig und ermüdend es war, zur

Schule zu gehen. Unsere Schule war etwa 20 km von meiner Stadt entfernt in einer kleinen Gemeinde untergebracht und am ersten Schultag saß ich zusammen mit 31 anderen Altenpflegeschülern und -Schülerinnen in einer Klasse. Aus meinem Altenheim waren wir insgesamt vier Schüler und da wir alle aus derselben Stadt kamen, fuhren wir als Fahrgemeinschaft zusammen in die Schule.

In der Altenpflege-Ausbildung wird es so gehandhabt, dass es „Schulblöcke" gibt - man ist dann quasi 4 oder 6 Wochen am Stück in der Schule. Völlig anders als bei meiner ersten Ausbildung vor über 20 Jahren, bei der es so war, dass man einmal in der Woche einen Tag Berufsschule hatte. Das hieß für uns vier Auszubildenden aus meinem Heim, dass wir in den kommenden Wochen jeden Tag in Fahrgemeinschaft die zwanzig Kilometer bis zur Schule fuhren. Da ich kein Auto besitze, war ich natürlich total froh, dass Frederik, der Schüler auf einem anderen Wohnbereich war, mich mitnahm. Ich wurde sogar von ihm vor meiner Haustüre abgeholt und nachmittags dort auch wieder abgeliefert. Überhaupt war unsere Fahrgemeinschaft eine lustige Truppe und wir verstanden uns eigentlich alle auf Anhieb ganz gut. Neben Frederik waren noch zwei weitere Schülerinnen aus unserem Haus mit an Bord, von denen die Eine total still und die

Andere dafür super temperamentvoll und eine absolute Quasselstrippe war. Aber das war eher unterhaltsam, denn da ich morgens als Erste abgeholt wurde, saß ich ohnehin immer vorne und lachte mich mit Frederik über das Gequatsche auf der Rückbank kaputt.
Die Klasse war ein buntes Gemisch von Leuten aller Altersgruppen von 17 - 55 Jahren, wobei es nur einen ganz geringen Anteil an Männern gab. Man kann also schon sagen, dass die Pflege ein Frauenberuf ist. Am Anfang des Jahres gab es in unserer Klasse sechsundzwanzig Frauen und fünf Männer, von denen dann noch einer während der Ausbildung absprang.
Ich mit meinen etwas über vierzig Jahren zählte also vom Alter her zum oberen Drittel. Die obere Grenze bildeten drei Mitschülerinnen, die über fünfzig waren und die untere Altersgrenze bildeten drei Küken von gerade mal siebzehn Jahren. Die Dozenten, Lehrer und Lehrerinnen waren meist so etwa in meinem Alter, einige aber auch jünger. In den ersten Tagen vergingen die Unterrichtsstunden mit Vorstellungsrunden und Gruppenarbeiten, damit man sich ein bisschen besser kennen lernen konnte. Es wurde ein gemeinsames Frühstück organisiert, bei dem die Lehrer und Dozenten sich vorstellten, und was dann folgte, war ein wahrer Marathon an Vorstel-

lungsrunden, bei denen es teilweise auch Vorgaben zur Vorstellung gab.
Wenn es irgendwelche Vorgaben zu Vorstellungsrunden gibt und man die Vorstellung nicht selbst gestalten kann, komme ich regelmäßig in die Situation, in der ich mit meinen Angaben für die Anderen Fragen aufwerfe. Denn schließlich gehöre ich mit meinem Asperger Autismus zu einer Gruppe, die ausgehend von 10 000 Menschen gerade mal einen Anteil von etwa 375 Menschen ausmacht. Wie viele andere Asperger Autisten auch bin ich einigermaßen intelligent und kann zum Glück im Alltag durch meine Kompensationsstrategien einigermaßen funktionieren, aber mein Lebenslauf ist alles in Allem eine mittlere Katastrophe, die man nur in etwa nachvollziehen kann, wenn man das große Ganze kennt. Und das kann man Leuten nicht in zehn Sätzen erklären.
Naja, irgendwie brachte ich diese Vorstellungsrunden dann auch hinter mich und wahrscheinlich gerade, weil wir so ein bunter Haufen waren, fiel mein Anders-Sein gar nicht so großartig auf. Ziemlich bald kehrte dann auch der Schulalltag ein. Und der war alles andere als locker. Es ist schon erstaunlich, was man so alles über die Altenpflege lernt, wenn man eine Ausbildung macht. Die Ausbildung ist so umfangreich und geht teilweise so ins Detail - vor allem in Ana-

tomie - als wollte man Arzt werden. Und ebenso erstaunlich und auch ziemlich schade ist es, wie wenig man in der Realität davon umsetzen kann - oder darf. Aber das merkte ich erst später so richtig schmerzhaft.
Schon nach Ende der ersten Woche waren wir mitten im Lernstress und wurden so mit Informationen zugeballert, als ginge es tatsächlich um ein Medizinstudium. Da der Lehrplan für die Ausbildung ziemlich vollgepackt war, bekamen wir im Unterricht immer Kopien ausgeteilt, in denen einzelne Begriffe fehlten. Wir gingen die Texte dann gemeinsam mit Hilfe eines Overhead-Projektors durch und erarbeiteten im Unterricht die fehlenden Begriffe. Und zuhause hieß es dann lernen. Und ich lernte, als gäbe es kein Morgen mehr.

Ansonsten ging es zu, wie man sich das eben in einer Schulklasse so vorstellt. Es wurde in allen Ecken gemurmelt und geflüstert, ab und zu flog mal ein Stift durch die Luft, dann gab es wieder irgendwo leises Gekicher, Zettelrascheln und, und, und…leine fünf Sekunden am Stück war es mal richtig ruhig und alle paar Minuten musste irgendjemand aufs Klo. Handys waren zwar während des Unterrichts verboten, aber es gab natürlich auch Klassenkameraden, die sich nicht daran hielten, und so klingelte mindestens einmal in der Stunde bei irgendjemand das Handy, worauf dann jedesmal die ganze Klasse im Chor „Handy aus" brüllte. Es gab also Ablenkung genug.

Der Schulalltag war zwar nicht mehr ganz so schlimm und nervig wie in meiner Jugend-Schulzeit, da der Großteil der Klasse älter als zwanzig war, aber trotzdem konnte man ganz klar erkennen, dass selbst erwachsene Leute wieder ein gewisses Schulverhalten annehmen, sobald sie wieder die Schulbank drücken. Da die Klasse in einem Mini- Raum unterm Dach untergebracht war, war zusätzlich die Luft permanent zum Schneiden und es war ziemlich anstrengend, dem Unterricht zu folgen.

Trotz des nervigen Drumherums war ich von Anfang an voll dabei, führte mit Akribie meine Hefte, schrieb zuhause nochmal alle Texte aus der Schule in Schönschrift ab und war voller Freude, dass ich nun die Altenpflege von der Pike auf lernen konnte. Während sich die anderen Klassenkameraden meiner Altersklasse teilweise mit dem Lernen ein wenig schwerer taten, kam mir hier eine der Stärken des Asperger Syndroms zur Hilfe- nämlich, dass man unheimlich gut und schnell lernen kann. Lernen ist sozusagen eines meiner Spezialinteressen.

Wenn ich mich auf ein Thema fokussiere, dann will ich aber auch wirklich alles darüber wissen.

Vorher bin ich nicht zufrieden. Naja, und das Thema war jetzt eben Altenpflege. Und da auswendig lernen und rezitieren ebenfalls zu meinen Spezialinteressen gehört, kam ich auf die Idee, sämtliche Texte, die wir in der Schule erarbeitet hatten zuhause schön und mit Betonung vorzulesen und mir davon Audio- Aufnahmen auf CD zu brennen. Das ist meine Lieblingsart zu lernen. Man hört sich einfach immer wieder die CD an und kann dabei alle möglichen anderen Dinge machen. So handhabe ich das also von Anfang an und war deshalb immer bestens auf den Unterricht vorbereitet.

Innerhalb der Klasse hatten sich sehr schnell Grüppchen gebildet, die die Pausen zusammen verbrachten und da ich Raucher bin, verbrachte ich, wie die anderen Raucher meiner Klasse auch, einen Großteil der Pausen auf der Feuertreppe unserer Schule, die als Raucherbereich galt. Obwohl sich die einzelnen Schultage durch die vielen Pausen ziemlich in die Länge zogen, verflog eine Woche nach der anderen und allmählich sah man auch unseren Ordnern an, dass wir schon einiges gelernt hatten. Mittlerweile hatte sich in der Klasse in Punkto Lernen so was wie eine Gruppendynamik entwickelt und alle waren im Rahmen ihrer Möglichkeiten bei der Sache. Man muss sagen, dass die Lehrkräfte auch tatsächlich alles daran setzten, aus uns verantwortungsvolle kompetente Kräfte für die Pflege zu machen, und so machte die ganze Sache- obwohl es manchmal schon ziemlich anstrengend war- auch wirklich Spaß.

In Windeseile ging der erste Schulblock dem Ende entgegen und die ersten Klausuren standen an. In der Altenpflegeschule war es üblich, dass die Klausuren in der letzten Woche eines Schulblocks geschrieben wurden und die Ergebnisse dann erst im nächsten Block mitgeteilt wurden, was für einige meiner Mitschüler eine ziemliche Folter zu sein schien, besonders für die Jüngeren. Überhaupt wurde ich durch die jüngeren Klassenkameraden manchmal an meine Schulzeit von vor über 20 Jahren erinnert, nur das damals noch keiner ein Handy hatte.

Mit den Klausuren in den beiden Hauptfächern Anatomie und Pflege sowie in Psychologie war dann auch der erste Schulblock so ziemlich beendet und man konnte richtig merken, wie die Anspannung durch das ganze Lernen von allen so allmählich abfiel. Am letzten Schultag vor dem Praxisblock gab es noch ein großes gemeinsames Frühstück mit unserer Klassenlehrerin und unserer Anatomie- Dozentin. Die Stimmung war richtig gut und man merkte jedem Einzelnen an, dass alle voller Tatendrang für den kommenden Praxisblock waren. Wir hatten in diesem ersten Schulblock unheimlich viel gelernt, und man

konnte förmlich spüren, wie es allen in den Fingern kribbelte, das Gelernte in den Betrieben umzusetzen. Der Unterschied zwischen mir und den Klassenkameraden war lediglich, dass ich zu der Zeit bereits über ein Jahr als ungelernte Kraft bei uns im Haus gearbeitet hatte und im Gegensatz zu den anderen die Pflege und die Arbeit in der Einrichtung für mich kein Neuland mehr war. Manche meiner Klassenkameraden hatten bereits ein Praktikum in ihren Betrieben absolviert, aber einige waren auch völlig neu in der Pflege und hatten noch nicht die geringste Ahnung davon, was sie in den Betrieben erwarten würde.
Irgendwie freute ich mich schon riesig auf „meine" Bewohner und dass ich wieder auf meinen alten Wohnbereich kam und war wild entschlossen, alles, was ich in dem Schulblock gelernt hatte, auch in der Praxis anzuwenden. Zuhause packte ich erst einmal meine Schulsachen weg und machte mir ein gemütliches Wochenende mit meinem Hund und meinen fünf Katzen. Am Sonntagabend ging ich früh ins Bett, weil ich mich während der Schulzeit an das späte Aufstehen gewöhnt hatte und auf keinen Fall verschlafen wollte. Aber irgendwie war ich so aufgeregt, dass ich schon lange vor dem Klingeln des Weckers wach war. Voller Freude und Tatkraft fuhr ich in aller Herrgottsfrühe zum Dienst.

Wenn man ein paar Wochen aus dem Altenheim-Alltag draußen ist und dann den Dienst wieder antritt, fällt einem erst mal richtig auf, wie klapperig und marode die Bewohner sind. Solange man die jeden Tag sieht, fällt einem das gar nicht so richtig auf. In der Zeit, in der ich auf dem anderen Wohnbereich gearbeitet hatte und in den paar Wochen, in denen ich in der Schule war, hatte sich der Zustand einiger Bewohner so verschlechtert, dass sie inzwischen in einer höheren Pflegestufe waren und zwei Bewohner, die vorher noch halbwegs mobil waren, waren inzwischen bettlägerig geworden. Außerdem hatte es auch in der Zwischenzeit einige Sterbefälle gegeben.

Wissen Sie, das ist natürlich nichts Besonderes im Pflegealltag und ist nun mal der normale Lauf der Dinge. Die Leute kommen ja schon alt und pflegebedürftig ins Altenheim. Das ist quasi nichts anderes als ein Wartezimmer zum Tod. Dass die Bewohner, wenn man sie ein paar Wochen nicht gesehen hat, nicht jünger und hübscher werden, ist schon klar. Aber im ersten Moment kriegt man immer einen kleinen Schrecken, wenn man „seine" Leute wiedersieht. Ebenso sind Sterbefälle im Altenheim normal und es wird kein großes Aufhebens darum gemacht. Und wenn man eine Zeit lang nicht dawar und kommt dann wieder auf den Wohnbereich,

liegen in manchen Zimmern eben ganz neue Leute in den Betten. So ist das eben.
Ich war jedenfalls glücklich, wieder an der Arbeit zu sein und hatte einen riesigen Elan. Aber ich merkte bereits, als ich zur Übergabe ins Stationszimmer kam, dass ich damit so ziemlich alleine auf weiter Flur war, denn inzwischen hatte sich auf dem Wohnbereich einiges geändert. Schwester Britta hatte einen Unfall gehabt und war langzeitkrank, ebenso wie Elias, ein examinierter Pfleger, der sich beim Fußballspielen einen komplizierten Armbruch zugezogen hatte. Eine Kollegin war im Urlaub und den anwesenden Kräften konnte man ansehen, wie viel Lust sie hatten- nämlich gar keine.
Dazu muss man aber sagen, wenn man eine Zeit lang in der Altenpflege arbeitet, dann merkt man, dass Unterbesetzung Dauerzustand ist. Irgendjemand ist immer krank. Und diejenigen, die arbeiten, müssen das eben kompensieren. Aber so weit, dass ich das kapierte, war ich damals noch lange nicht.
Was mir allerdings sofort auffiel, war, dass auf dem Wohnbereich irgendwie ein anderer Wind wehte und unter den examinierten Kollegen irgendwie eine gewisse Spannung herrschte. Da Schwester Britta, die normaler Weise den Wohnbereich unter ihrer Fittiche hatte nun auf längere Zeit gesehen krank war, hatte irgendwie

keiner so richtig das Kommando und untereinander wollten sich die examinierten Kollegen nicht von einem anderen etwas sagen lassen.
Anstatt einer freudigen Begrüßung gab es nur ein knappes „Hallo", ansonsten war die Stimmung eher frostig und es erkundigte sich auch keiner, wie es in der Schule gewesen war oder ähnliches.
In der Übergabe erfuhr ich nebenbei, dass einer meiner Lieblingsbewohner ebenfalls verstorben war und dass es stattdessen nun einen neuen Bewohner- einen gewissen Herrn Balzer- gab.
Und mir fiel noch etwas auf, das sich während meiner Zeit auf dem anderen Wohnbereich und meiner Schulzeit geändert hatte. Nämlich, dass drei meiner Kollegen während der Übergabe ganz öffentlich auf ihr Handy glotzten. Das erstaunte mich am allermeisten, denn es gab eine Verfahrensanweisung, die ganz klar besagte, dass Handys auf dem Wohnbereich verboten waren. Diese Verfahrensanweisung hatte jeder von uns unterschreiben müssen. Aber da Schwester Britta ja nicht da war, schien sich das in der letzten Zeit eingebürgert zu haben.
Ich ließ mir aber meine Verwunderung nicht anmerken und war auch fest entschlossen, mir meine gute Laune durch die langen Gesichter der anderen nicht versauen zu lassen. Außerdem war ich völlig motiviert und sah schon vor meinem geistigen Auge lauter zufriedene, frisch gewa-

schene Bewohner. Die junge examinierte Kollegin Ramona, die die Schichtleitung hatte, teilte die Laufzettel aus, auf denen die Bewohner aufgelistet waren, die man zu versorgen hatte. Als sie mir meinen Zettel rüber reichte meinte sie:" Du bist ja jetzt ausgeruht von der Schule. Das schaffst du schon!".

Ein Blick auf den Zettel reichte mir aus um zu sehen, dass das ein anstrengender Tag werden würde. Aber ich freute mich auch, weil mehrere meiner Lieblingsbewohner auf dem Zettel standen, unter anderem auch „meine" Frau Erna, bei der ich damals zum ersten Mal das Essen angereicht hatte. Aber zuerst einmal hatte ich vor dem Frühstück drei „mobile" Bewohner zu versorgen und dazu zählte unter anderem auch der neue Herr Balzer. Dieser lag in einem Doppelzimmer zusammen mit einem schwerstpflegebedürftigen anderen Bewohner und bevor ich ihn überhaupt zum ersten Mal sah, hörte ich ihn schon über den ganzen Flur brüllen. Das konnte ja lustig werden. Ich klopfte an die Tür und beim Eintreten flötete ich das in der Pflege übliche überfreundliche „Guten Morgeeeen". Ich machte das Licht an und wollte die Anwesenheit an der Rufanlage einschalten. Ich kam genau einen Schritt weit und dann schlitterte ich auch schon durch das halbe Zimmer und hatte wirklich allergrößte Mühe, mich auf den Beinen zu halten. Das komplette Zimmer war „geflutet" und es stank wie im Pumakäfig. Herr Balzer hatte offensichtlich ganze Arbeit geleistet und in der Nacht systematisch das Zimmer zu gepinkelt. Während ich mich vorsichtig auf den trockenen Stellen in Richtung Herrn Balzers Bett bewegte, das ebenfalls klatschnass war, saß der unten herum splitternackt und aus voller Kehle brüllend im Bett. Ich hatte selten in meinem Leben so einen riesigen alten Mann gesehen. Und dass er völlig durch den Wind war, das merkte man ebenfalls sofort. Herr Balzer war trotz Patientenverfügung reanimiert worden, und da er bis zur Reanimation knapp zehn Minuten keine Vitalzeichen gehabt hatte, waren bei ihm jede Menge Gehirnzellen abgestorben.Da er außerdem neben Parkinson noch eine fortgeschrittene Demenz hatte und unter enormen Wortfindungsstörungen litt, brachte er keinen vernünftigen Satz heraus, sondern stammelte irgendwelches völlig unzusammenhängendes Zeug, wobei er dann zwischendurch immer wieder aufsprang, auf das nasse Bett und die Pinkelstellen im Zimmer zeigte und anfing, rum zu zetern und zu heulen. Irgendwie schien er unterschwellig zu wissen, dass er für die Überschwemmung verantwortlich war, wollte sich das aber wohl nicht eingestehen.

Ich hatte jedenfalls erst mal alle Hände voll zu tun. Nachdem ich Herrn Balzer einigermaßen mit der Geschichte beruhigt hatte, dass es durch das Dach geregnet habe, wischte ich die ganzen Pisslachen zunächst notdürftig mit Badetüchern auf. Und obwohl ich mich beeilte wie verrückt, war mir klar, dass mich diese Pinkelaktion in Zeitverzug bringen würde und dass ich mich von meinem Zeitfenster von 15 Minuten für die Versorgung verabschieden konnte. Denn da der Mann vermutlich die halbe Nacht in seinem verpinkelten Bett gelegen hatte, stank er auch dementsprechend und musste auf jeden Fall unter die Dusche. Soviel stand fest.

Die nächste Hürde bestand dann darin, Herrn Balzer das an ihm klebende T-Shirt auszuziehen und ihn ins Bad zu bugsieren. Der sah nämlich überhaupt nicht ein, weshalb er jetzt mit mir ins Bad kommen sollte und tobte rum wie ein zu groß geratenes Senior-Rumpelstielzchen. Ich redete mit Engelszungen und versuchte, ihm das Unternehmen irgendwie schmackhaft zu machen und irgendwann hatte ich ihn dann endlich so weit, dass er mitkam und sich duschen ließ. Während der ganzen Aktion schwankte seine Stimmung ständig zwischen weinerlich und aggressiv und immer, wenn er wütend wurde fing er an, wie wild mit den Armen zu fuchteln. An dem Morgen flog so einiges im Badezimmer herum.

Da er für so einen alten Mann wirklich verdammt groß war und auch seine Arme einen ziemlichen Aktionsradius hatten, musste man ständig in Deckung gehen, um nicht eine „geschossen" zu bekommen. Ich war heilfroh, als ich den Kerl endlich fertig geduscht, angezogen und rasiert hatte. Allerdings sagte mir ein Blick auf die Uhr auch, dass mein Zeitfenster jetzt schon um 10 Minuten überzogen war und dass ich jetzt den „Turbogang" einlegen musste, um die anderen beiden Bewohner noch vor dem Frühstück zu schaffen. Das Zimmer musste ich erst mal so zurücklassen, dafür war jetzt keine Zeit mehr. Bei den nächsten beiden Versorgungen ging also alles im Schnelldurchlauf. In solchen Situationen haben mir immer die Bewohner leidgetan. Damals war ich noch so naiv und blauäugig, dass ich dachte, dies sei ein Ausnahmezustand. Ich entschuldigte mich also bei den nächsten beiden Bewohnern für die Eile und gelobte, es bei der nächsten Versorgung wieder „gut" zu machen und versprach Extras wie z.B. ein Fußbad oder Duschen, und so schaffte ich es gerade noch rechtzeitig um kurz vor 8 Uhr im Aufenthaltsraum anzutanzen und mir meine Anreich-Schürze überzuwerfen, denn eine der Verfahrensanweisungen lautete, dass die komplette Belegschaft sich zehn Minuten vor dem Frühstück im Aufenthaltsraum einzufinden hatte, um selbiges vorzubereiten und auszuteilen.

Völlig irritiert stellte ich dann im Aufenthaltsraum fest, dass inzwischen noch nicht mal irgendjemand die Essenswagen geholt hatte. Schwester Ingrid und Schwester Ramona saßen im Stationszimmer und unterhielten sich und von der Aushilfe und dem neuen Praktikanten war weit und breit nichts zu sehen. Benny – mein Ausbilder- Junge von meiner ersten Zeit im Altenheim-hatte das Praktikum inzwischen beendet und hatte das Haus verlassen. Irgendwie kotzten die zwei mich in dem Moment richtig an und ich fragte mich, was die da zu quatschen hatten, was man nicht auch während des Arbeitens reden konnte, denn dass das kein Arbeitsgespräch war, sah jeder Doofe. Die beiden amüsierten sich scheinbar prächtig und gackerten wie die Hühner. Allerdings war mir auch klar, dass Ärger in der Situation auch keinen weiter brachte.
Die Bewohner, die auf ihren Plätzen saßen, warteten nämlich auf das Frühstück, und je weiter sich alles nach hinten verschob, umso weniger Zeit würde mir für die anderen Versorgungen bleiben. Also lief ich die Treppe hinunter ins Erdgeschoss zur Küche, wo die Wagen für unseren Wohnbereich als einzige noch einsam und verlassen standen und darauf warteten, abgeholt zu werden. Ich schob die beiden Wagen zum Aufzug und fuhr wieder unters Dach zu meinem Wohnbereich. In der Zwischenzeit waren auch

die Aushilfe und der Praktikant aus der Versorgung aufgetaucht und auch die beiden anderen Grazien hatten sich aus dem Stationszimmer bewegt und so starteten wir mit knapp 10 Minuten Verspätung mit dem Austeilen des Frühstücks.
Nachdem die mobilen Bewohner endlich versorgt waren, ging es dann zum Anreichen zu den Bettlägerigen, und wieder einmal stand ich vor Frau Ernas Tür- so wie damals an meinem ersten Arbeitstag. Frau Erna lag wie immer mit weit offenem Mund und geschlossenen Augen im Bett. An dem Bettbezug konnte man genau erkennen, was es in den letzten Tagen zu essen gegeben hatte. Als ich das Nachtschränkchen aufklappte wollte um das Tablett abzustellen, merkte ich förmlich, wie alles klebte. Genauso versifft wie das Bettzeug und das Nachtschränkchen waren auch die Serviette und der Becher, der – vermutlich noch vom Vortag- am Bett stand.
In dem Moment kam mich echt buchstäblich die Kotze hoch. Wissen Sie- Sie müssen sich das mal vorstellen. Ich kam gerade frisch aus der Schule, wo Einem eingebleut wird, wie Altenpflege nach Pflege- und Qualitäts-Standards zu funktionieren hat. Es werden Stunden und Stunden darauf verwendet, die Schüler in Pflege und Hygiene „fit" zu machen …und dann kommt man in die Realität.

Selten in meinem Leben habe ich so ein krasses Beispiel dafür erlebt, wie tief die Schlucht zwischen dem ist, was nach außen hin vermittelt wird, und dem, was tatsächlich passiert, wie in der Altenpflege. Das festzustellen, hatte ich in den ganzen Jahren ausreichend Gelegenheit.
Ich war richtiggehend geschockt von dem Anblick. Bei den bettlägerigen Bewohnern ist es ja so, dass man anhand des Bilanzierungsbogens immer genau sehen kann, wer zuletzt am Bett gearbeitet hat, und ich war schon ein bisschen neugierig und guckte mal nach, wer da so zuletzt alles zugange war. Es wunderte mich irgendwie nicht weiter, als ich bei der Morgenversorgung das Handzeichen von Schwester Ingrid entdeckte.
Ich gehöre zwar eigentlich nicht zu den Leuten, die sich großartig dafür interessieren, was andere so machen, aber dass Schwester Ingrid sich um die Arbeit drückte, das war selbst mir schon lange aufgefallen. Dazu brauchte man keinen besonderen Spürsinn, denn sie zeigte ihre Bequemlichkeit ziemlich öffentlich und unbekümmert. Wenn ein Bettbezug bei ihr beim Anreichen etwas abbekommen hatte, dann wurde der nicht ausgewechselt, sondern erst mal umgedreht. Es störte sie dabei auch nicht im Mindesten, wenn jemand das sah. Da sie ja vor einem Jahr den Bandscheibenvorfall gehabt hatte und auch

schon weit über fünfzig war, bekam sie auch überwiegend die Bewohner zugeteilt, die einfach zu versorgen waren. Und wenn Aufgaben wie Wäsche austeilen oder Müll entsorgen auf dem Plan standen, glänzte sie regelmäßig durch Abwesenheit. Aber da sie schon seit über zwanzig Jahren mit Schwester Britta zusammen arbeitete und die beiden auch befreundet waren, gab es ohnehin keinen, der ihr etwas sagte. Um weiter darüber nachzudenken war jetzt aber wirklich keine Zeit und näher konnte und wollte ich mich auch nicht damit befassen, denn da wir nun mal „schlecht besetzt" waren, musste ich synchron bei Frau Erna und Frau Amalie anreichen und so war ich erst mal damit beschäftigt, zwischen den beiden Betten hin- und her zu rennen, um einigermaßen im Zeitplan zu bleiben, denn schließlich hatte ich ja noch nach dem Frühstück drei weitere Bewohner zu versorgen und Herrn Balzers verpinkeltes Zimmer aufzuräumen. Dann mussten noch die Säcke abgehängt und der Müll entsorgt werden, was ebenfalls Aufgabe von Schülern und Praktikanten war und als ich endlich in der Frühstückspause saß, merkte ich schon, dass ich nach dem Dienst reif für die Couch sein würde.
Ich will es mal so sagen: Wer in der Altenpflege arbeitet, braucht wirklich kein Fitness- Studio. Nach dem Dienst schaffte ich es gerade noch,

mit dem Hund rauszugehen und dann war erst mal Mittagsschlaf angesagt. So verging die erste Woche mit jeder Menge Arbeit und zuhause mit totaler Kaputtheit und keinem Interesse an irgendwas. Nach dem Dienst war ich immer völlig fertig und konnte zuhause nur noch abhängen. Meine Wohnung verwandelte sich im Laufe der nächsten Tage immer mehr in ein ranziges Loch. In der Küche stapelte sich das Geschirr und man roch allmählich, dass die Katzenklos dringend eine Reinigung benötigten. Jeden Tag nahm ich mir aufs Neue vor, endlich meine Bude aufzuräumen, aber wenn ich vom Dienst kam, war ich jedes Mal völlig im Eimer. Und so lag ich zuhause nur völlig apathisch auf der Couch rum und schluckte Ibus, weil mir die Gelenke so dermaßen wehtaten, als wäre ich selbst ein Bewohner im Altenheim. Alles in allem war es erst einmal eine riesige Umstellung von dem Schulalltag, der ja im Vergleich zum Frühdienst relativ spät anfing wieder auf Vollzeit arbeiten umzustellen.
Ich freute mich ohne Ende auf mein erstes FREI und nahm mir vor, dann endlich erst mal in aller Ruhe wieder „klar Schiff" bei mir zuhause zu machen, denn mir fehlte nach der Arbeit jegliche Lust, um überhaupt irgendetwas zu machen.
In der Altenpflege geht es nicht so zu wie in anderen Berufen, wo man von Montag bis Freitag arbeitet und dann Wochenende hat. Man arbeitet

quasi in Blöcken. Und so ein Block kann durchaus schon öfters mal 8 oder 9 Tage haben. Das ist in der Pflege nichts Außergewöhnliches und gilt als normal. Wenn dann noch jemand krank wird und man die Arschkarte zieht, dann können es aber auch ganz schnell mal ein paar Tage mehr sein. Und so war es dieses Mal auch bei mir. Am Mittag vor meinem heiß ersehnten Frei klingelte auf dem Wohnbereich das Telefon und eine betont leidend klingende Ingrid meldete sich krank mit „Magen- Darm- Infekt". Zufälliger Weise saß ich gerade am Computer, um meine Bewohner abzuhaken und hatte den Anruf angenommen.

Man muss wissen: „Magen- Darm" ist in der Pflege die Geheimwaffe für alle, die keinen Bock haben zu arbeiten. Ich hatte ja in der Zwischenzeit die Kollegen ganz gut kennengelernt und konnte mittlerweile ziemlich genau einschätzen, wer ne faule Socke war und alle paar Wochen krankmachte und wer wirklich nur dann zuhause blieb, wenn es ihm tatsächlich dreckig ging. Während Ingrid mir am Telefon mit übertrieben gequälter Stimme beschrieb, wie schlecht es ihr ginge, konnte ich sie förmlich vor mir sehen, wie sie sich innerlich vor Lachen den Bauch hielt. Aber wie gesagt- Magen- Darm ist eben die Geheimwaffe in der Altenpflege, denn selbst, wenn man wollte- man darf nicht arbeiten. Denn es

könnte ja irgendetwas sein, an dem sich die alten Leute anstecken. Und dann ist Alarm angesagt. Ich habe in den Jahren, in denen ich im Altenheim gearbeitet habe eine Norovirus- Welle und eine Salmonellen- Welle miterlebt und kann Ihnen versichern, die alten Leute gehen bei so etwas um wie die Fliegen.
Also darf man keinesfalls an der Arbeit erscheinen, wenn man Durchfall hat oder erbricht. Mir war sofort klar, dass die liebe Ingrid gleich eine komplette Woche krankmachen würde und konnte ihr schadenfrohes Grinsen am anderen Ende der Leitung quasi spüren. Perfektes Timing, denn in dieser Woche stand auch noch das Wiegen aller Bewohner an. Und mir war schon klar, wessen Aufgabe das jetzt sein würde. Nämlich meine, da außer mir und den examinierten Kollegen , die für solche Arbeiten nicht zuständig sind, nur noch der neue planlose Praktikant und eine Aushilfskraft da waren. Ich hätte kotzen können, konnte aber natürlich nichts sagen.
Damit konnte ich mein FREI also abhaken und buckelte erst mal 12 Tage am Stück durch, bevor ich das erste Mal einen einzigen Tag frei hatte. Wenn man zu viele Tage am Stück arbeitet und immer wieder die gleichen Bewohner zu versorgen hat, dann kippt irgendwann die Stimmung. Jeden Morgen, wenn man in Herrn Balzers Zimmer kam, musste man aufpassen, dass man

nicht in der „gelben Flut" ausrutschte, jeden Morgen dasselbe Geschrei, jeden Morgen mit Engelszungen reden, um das durchgeknallte Riesenbaby ins Bad zu bekommen...
An Tag 11 war ich dann soweit, dass ich Herrn Balzer die Gurgel hätte rumdrehen können. Nach so vielen Tagen am Stück hat man einfach keinen Nerv mehr zu validieren und auch, wenn pflegebedürftige alte Menschen Schutzbefohlene sind, so gibt es unter denen immer auch solche, die einfach nur ätzend sind. Und die bestimmt auch schon ätzend waren, bevor sie alt und pflegebedürftig wurden. Und von denen hat man einfach irgendwann auch mal die Schnauze voll. Meine Güte, was war ich froh, als ich nach zwölf Tagen dann endlich frei hatte- allerdings nur einen Tag. Ein Tag ist da natürlich nichts und der ist schneller rum, als man gucken kann. Am Ende des Tages sah meine Wohnung immer noch aus wie Kraut und Rüben, weil mir alle Knochen weh taten und ich den ganzen Tag mehr oder weniger nur rumlag, um mich zu erholen. Als ich dann abends im Bett lag, schickte ich noch ein Stoßgebet zum Himmel, dass ich am nächsten Tag nicht schon wieder Herrn Balzer auf meiner Liste haben würde. Und ich hatte diesmal Glück. Während ich am nächsten Morgen im Zimmer nebenan Frau Sommer wusch, hörte ich Herrn Balzer nebenan toben und brüllen und mir tat

irgendwie ein bisschen der Kollege leid, der jetzt gerade mit ihm klar kommen musste.
Frau Sommer gehörte mit zu meinen Lieblingsbewohnern. Sie war nach einem Schlaganfall halbseitig gelähmt und lag die ganze Woche über fest im Bett. Ihre größte Freude war es, wenn sie einmal in der Woche mobilisiert wurde, um an der Messe teilzunehmen. Dafür war sie dann immer so dankbar, dass sie für das ganze Personal betete und sich im Anschluss tausend Mal bedankte. Meistens fing sie dann auch noch vor Rührung an zu weinen. Da Frau Sommer aber ein ziemliches Schwergewicht war, konnte man sie nicht mal so eben aus dem Bett in den Pflegestuhl setzen, sondern man benötigte dazu den Lifter. Wie man mit dem Lifter umgeht, hatten wir bei einer Schulung gezeigt bekommen und so war es mir möglich, Frau Sommer alleine zu mobilisieren. Und dass sie einmal in der Woche aus dem Bett raus kam und ein bisschen Tapetenwechsel in der Messe hatte, gehörte auch für mich zu den Dingen, die oberste Priorität hatten. Allerdings musste man für diese Aktion- wenn man alleine war- zehn Minuten einrechnen, und da ich die Zeit bei keinem anderen Bewohner abzwacken wollte, arbeitete ich eben in die die Pause rein.
Das war mir eigentlich immer egal, wichtig war für mich, dass ich den Bewohnern was Gutes tun

konnte und wenigstens ein kleines bisschen dazu beitragen konnte, dass sie etwas Abwechslung hatten. So lange ich Zeit hatte, einen Kaffee zu trinken, mein Brot zu essen und danach eine zu rauchen, war es mir egal, wenn die Pause für mich oft nur eine viertel Stunde oder zwanzig Minuten dauerte, zumal die Stimmung im Aufenthaltsraum ohnehin nur gespielt freundlich war und der oberflächliche Small- Talk mir sowieso auf sie Nerven ging.

Waren dann die Bewohner versorgt, kamen andere Arbeiten an die Reihe, wie zum Beispiel das Auffüllen von Einlagen, Handtüchern, Getränken usw., und auch das Aufräumen der Küche und des Aufenthaltsraumes gehörten zu den Aufgaben der Schüler und Praktikanten, und so hatte ich während meiner Dienste immer alle Hände voll zu tun. Da der neue Praktikant sich überhaupt noch nicht mit den meisten Arbeiten auskannte, musste ich ihm allerhand zeigen und erklären und so war ich jeden Tag nach der Arbeit fix und fertig und mir taten sämtliche Knochen weh.

Die Schule und all das dort Gelernte waren in den Wochen, die ich nun wieder in der Einrichtung war, wieder ziemlich in Vergessenheit geraten, und das Arbeiten lief eher ab wie am Fließband. Der ganz normale Wahnsinn im Altersheim mit ständiger Minimalbesetzung und vielen verhaltensauffälligen Bewohnern hatte so rein gar nichts mit dem zu tun, was man in der Schule vermittelt bekam.

Was mich jedoch am meisten aufregte war, dass ich jeden Tag, wenn ich meine Bewohner im Computer abhakte sah, was angeblich alles laut Pflegeplanung bei denen gemacht wurde. Irgendwie kam ich mir ein bisschen vor wie ein Verbrecher, wenn ich jeden Tag Leistungen abhakte, die gar nicht vollbracht worden waren. In der Pflege werden jeden Tag mit Dokumentation und Pflegeplanung Stunden verbracht, anstatt sich wirklich um die Leute zu kümmern. Die Hälfte der Leistungen, die in der Pflegeplanung stehen, existieren einzig und alleine nur auf dem Papier.

Dann- in der letzten Woche meines Praxisblocks wurden auf einmal alle examinierten Kräfte völlig hektisch und überall wurde davon geredet, dass der MDK kommen würde. Schwester Britta- die für die MDK- Prüfung extra aus dem Krankenstand geholt worden war, rannte auf Krücken von einem Zimmer zum nächsten, regte sich über alles Mögliche auf und war völlig gestresst.

Bis zu der Zeit hatte ich mich noch gar nicht damit beschäftigt, wie so eine Prüfung durch den MDK aussehen könnte. Ich hatte zwar schon mitbekommen, dass der MDK (der medizinische Dienst der Krankenversicherungen) Einrichtungen bewertete, denn im Foyer meines Altenheimes hing eine Urkunde mit der Note 1, vergeben durch den MDK, aber wie das genau vor sich gehen würde, darüber hatte ich noch gar nicht nachgedacht. Da aber im Haus alle in heller Aufregung waren, stellte ich mir unter dem MDK so was wie die „Men in Black" der Altenpflege vor, die kommen würden, um das Heim zu kontrollieren.

Die examinierten Kräfte kamen gar nicht mehr vom Computer weg, weil alle Pflegeplanungen überarbeitet werden mussten und die Hilfskräfte, Schüler und was sonst noch so an Aushilfen und Fußvolk vorhanden war, hatten die Bewohner fast völlig allein zu versorgen. Alle Zimmer mussten auf Vordermann gebracht werden und es herrschte eine unglaubliche Hektik und Betriebsamkeit.

Und dann kam der MDK. Ich musste echt aufpassen, dass ich mir nicht vor Lachen in die Hose pinkelte…denn statt der Men in Black, die ich mir ausgemalt hatte, kam ne kleine Frau mit Laptop unterm Arm. Zum ersten Mal bekam ich „live" mit, wie so eine Überprüfung durch den MDK ablief. Zunächst einmal war die kleine Frau gut zwei Stunden im Stationszimmer verschwunden, wo sie zusammen mit der examinierten Kraft und Schwester Britta die Pflegeplanungen durchschaute.

Die Pflegeplanungen sind eigentlich das, worum sich in der Altenpflege alles dreht und nicht die Bewohner. Pflegeplanungen sind reine Phantasiekonstrukte, die eigentlich nur für den MDK geschrieben werden. Was da drin steht, hat mit der Realität nicht das Geringste zu tun. Wenn man so pflegen würde, wie es in den Pflegeplanungen steht, wäre man bei der permanenten Unterbesetzung irgendwann nachmittags mit der morgendlichen Grundversorgung fertig. Das weiß jeder, der in der Pflege arbeitet. Und ich denke, der MDK weiß das auch.
Es ist einfach ein Spiel, dass unter den Menschen weit verbreitet ist- man lügt sich gegenseitig die Taschen voll. Und da alles schwarz auf weiß auf dem Bildschirm zu lesen ist, tun eben alle so, als wären die ganzen Lügen Wahrheiten und am Ende gibt es eine tolle Note vom MDK und alle fühlen sich super und meinen, sie hätten was geleistet.
Die alten Leute haben davon absolut keinen Nutzen, denn sobald der MDK weg ist, geht alles so weiter wie eh und je. Bis dahin hatte ich jedoch noch nicht viel mit den Pflegeplanungen zu tun gehabt, da diese ja von den examinierten Kräften geschrieben wurden. Man hatte mir zwar gezeigt, wie ich meine Leistungen im Computer abhaken musste, allerdings bestand diese Amtshandlung nur aus dem Abklicken der Gesamtleistungen

und dem Eintragen des Stuhlgangs und hin und wieder einem kurzen Bericht.
Zu mehr blieb für Helfer, Schüler und sonstiges Volk auch überhaupt keine Zeit, da wir ja während des ganzen Dienstes mit den Bewohnern und den anderen anfallenden Arbeiten beschäftigt waren. Ich machte also meine Arbeit weiter und versuchte, so viel wie möglich für die Bewohner zu tun. Da man in der Zwischenzeit mitbekommen hatte, dass ich ziemlich gut mit dem Personenlifter umgehen konnte, wurde ich kurzerhand zur „Wiegebeauftragten" des Wohnbereichs ernannt und meine Aufgabe war es nun, einmal im Monat sämtliche Bewohner des Wohnbereichs zu wiegen. Da diese Aufgabe vorher von jedem einmal gemacht wurde und auch gerne mal vergessen wurde, war vom MDK bemängelt worden, dass es bei den Gewichten Lücken in der Dokumentation und auch starke Schwankungen in den Gewichten der Bewohner gab. Das lag daran, dass der Eine 1 kg für die Kleidung abzog, der Nächste vielleicht 2kg und der übernächste gar nichts. Jetzt hatte ich das eben am Hals und war verantwortlich.
Da man während einer Schicht und mit der ständigen Unterbesetzung solche Aufgaben immer nur dann machen konnte, wenn man zwischendurch gerade mal ein paar Minuten Zeit hatte, zog sich die Wiege- Aktion meist über eine gan-

ze Woche hin und ich war immer heilfroh, wenn ich das erledigt hatte. Allerdings hatte die Sache auch einen Vorteil, denn so kam ich auch mehr zum Eintragen an den Computer und konnte mir bei der Gelegenheit auch mal die Pflegeplanungen etwas genauer anschauen.

Dabei stellte ich fest, dass viele der Arbeiten, die die anderen Schüler, die Praktikanten und ich jeden Tag erledigten, laut Pflegeplanung angeblich nur von examinierten Kräften ausgeführt wurden. Außerdem fiel mir weiterhin auf, dass viele Tätigkeiten in der Pflegeplanung angeblich von zwei Pflegekräften gemeinsam gemacht wurden, obwohl man in Wirklichkeit sämtliche Arbeiten alleine hinkriegen musste. Wenn man tatsächlich mal Hilfe benötigte, musste man erst mal auf dem Flur rumrennen und jemanden suchen.

Wenn man so etwas dann mal im Team anspricht, macht man sich ziemlich schnell unbeliebt. Besonders diejenigen, die sich selbst am meisten um die Arbeit herumdrücken, fühlen sich sofort persönlich angegriffen und ehe man weiß, was los ist, werden die tollsten Sachen über einen erzählt. Und so dauerte es nicht lange, und ich musste „zu einem Gespräch" bei einer äußerst schlecht gelaunten Schwester Britta antanzen, die gerade aus dem Krankenstand zurück war und ihre Wiedereingliederung machte. Und dort bekam ich erst mal richtig den Kopf gewaschen. Es war überhaupt nicht möglich, mit Schwester Britta auf einer sachlichen Ebene zu reden. Sie war völlig außer sich, dass ich es gewagt hatte, klipp und klar auszusprechen, dass die Pflegeplanung und die Realität absolut nichts miteinander gemeinsam hatten, und ich machte mir so langsam Gedanken darüber, ob sie jetzt wohl gleich kollabieren würde und was ich in dem Fall tun sollte.

Wissen Sie, das sind so Augenblicke, in denen man sich als Asperger denkt:" Moment mal….wer ist jetzt hier eigentlich behindert?". Und ich muss sagen, in dem Moment kam mir Schwester Britta tatsächlich richtig behindert vor. Und zwar ist das eine Behinderung, unter der viele neurotypische Menschen leiden- sie können die Sachebene nicht von der emotionalen Ebene trennen und nehmen alles persönlich. Schwester Britta war jedenfalls völlig aus dem Häuschen und tobte rum, ob ich ihr unterstellen wolle, sie wäre nicht in der Lage, ihren Wohnbereich zu leiten und dass sie in ihrem Team solche Leute nicht brauchen könne und was- weiß- ich- nicht- alles. Dass ich eigentlich nur gesagt hatte, dass die Pflegeplanung nichts mit der Realität zu tun hatte und dass ich in dem Punkt auch völlig Recht hatte, spielte dabei überhaupt keine Rolle. Oder vielleicht spielte ja doch gerade das eine

Rolle, denn scheinbar hatte ich sie damit an einem wunden Punkt getroffen. Zuhause dachte ich lange über Schwester Brittas Reaktion nach. Irgendwie fand ich das alles ziemlich schräg, denn jeder, der die Punkte auf der Pflegeplanung lesen konnte und den Heimalltag kannte, musste doch zugeben, dass das Ganze hinten und vorne nicht stimmte, und ich wunderte mich, warum keiner so viel Arsch in der Hose hatte, das mal anzusprechen…oder war denen das egal?
Die nächsten Wochen wurden für mich ziemlich unangenehm. In so einem Team kann man eine Struktur beobachten, wer wem in den Arsch kriecht. Und da Schwester Britta bereits überall meine „unverschämte Äußerung" herum posaunt hatte, waren auf dem Wohnbereich alle informiert. Das merkte ich sofort, wenn ich in den Aufenthaltsraum oder in das Stationszimmer kam. Während die Aushilfen und der Praktikant einfach nur verlegen reagierten und ziemlich wortkarg waren, war die Veränderung beim „inneren Kern" nicht zu übersehen. Da wurden dann plötzlich Gespräche abgebrochen und man warf sich bedeutsame Blicke zu. Von daher war mir schon ziemlich bald klar, dass ich nun schon mal alle Rektalkandidaten von Schwester Britta gegen mich hatte.
Außerdem war es auf dem Wohnbereich ohnehin so, dass man, sobald man sich rumdrehte, ein

Messer im Rücken stecken hatte, und dass über jeden, der gerade nicht anwesend war, geredet wurde. Und das bezog sich wirklich nicht auf mich allein, sondern auf die meisten anderen auch. Das liegt wahrscheinlich daran, dass die neurotypischen Menschen meinen, sie müssten immerzu miteinander reden, wenn sie mit anderen Menschen zusammen in einem Raum sind. Einfach mal die Klappe halten fällt vielen da echt schwer. Und da sie sich eigentlich nichts wirklich zu sagen haben und nur oberflächliches Zeug reden, bietet es sich dann schon an, über abwesende Kollegen zu her zu ziehen.
Naja,…ist man erst mal in Ungnade gefallen, so hat man einen schweren Stand. Und selbstverständlich gibt es auch Mittel und Wege, einem dann das Leben so richtig schön schwer und Scheiße zu machen. Und Scheiße meine ich hier im wahrsten Sinne des Wortes.
Eine beliebte Methode in der Pflege ist es, den Bewohnern, die der verhasste Kollege oder die verhasste Kollegin zu versorgen hat, Abführzäpfchen zu verabreichen. Ich habe das in den ganzen Jahren oft genug selbst mitbekommen, dass- wenn zum Beispiel eine verhasste Nachtschwester Dienst hatte darüber diskutiert wurde, wem man denn mal so alles beim letzten Rundgang ein Zäpfchen verabreichen könnte. Die Bewohner- vor allem die bettlägerigen- waren

ohnehin so jenseits von Gut und Böse, dass sie gar nichts davon mitbekamen, geschweige denn etwas dagegen hätten unternehmen können.

In der nächsten Zeit steckte ich also immer bis zu den Ellbogen im Stuhlgang, davon abgesehen hatte ich nun fast jeden Morgen das „Vergnügen", vor dem Frühstück Herrn Balzer zu versorgen, bei dem jeden Tag aufs Neue das Zimmer geflutet war und dessen Ausraster von Tag zu Tag schlimmer wurden und auch für uns langsam bedrohliche Ausmaße annahmen. Allein die Psychopharmaka, die Herr Balzer jeden Tag schlucken musste, hätte sicher auch ein Pferd umgehauen.

Und nach dem Frühstück war es egal, welche Bettdecke ich zurückschlug, überall kamen mir die Bewohner förmlich in der braunen Grütze entgegengeschwommen. An manchen Tagen hatte ich wirklich keine Lust mehr, ließ mir aber- so gut es ging- nichts anmerken. Wenn ich zum Frühstück kam und Dienst mit Brittas Gefolge hatte, saßen die anderen bereits da, hatten gegessen, der Kaffee war leer und man konnte ihnen ansehen, dass sie ihr Grinsen kaum unterdrücken konnten. Schwester Britta, die ja nach ihrem Unfall schrittweise Wiedereingliederung machte, war immer nur für wenige Stunden da und strafte mich mit Nichtachtung.

Auf dem Wohnbereich lief so ganz allmählich alles immer mehr aus dem Ruder. Die Fachoberschüler und Praktikanten, die im Laufe der Zeit kamen, strichen meist nach kurzer Zeit die Segel. Und man konnte denen das eigentlich auch gar nicht weiter verübeln.

Man muss sich das mal so vorstellen: Das sind ganz junge Leute, die quasi direkt aus dem Kinderzimmer in die Pflege gesteckt werden und die dann auch gleich richtig mit ran müssen.Und denken Sie bloß nicht, meine Einrichtung wäre da eine Ausnahme gewesen. Das ist in der Pflege völlig normal. Viele von denen waren noch so grün hinter den Ohren, dass sie vermutlich noch nie jemand vom anderen Geschlecht real nackt gesehen hatten und hier mussten sie dann gleich voll mit einsteigen und die alten Leute waschen und deren Stuhlgang wegwischen.

Es hat im Laufe der Jahre so Einige gegeben, denen musste man sogar erst mal erklären, wie man ein Bett bezieht. Natürlich ist es auch richtig und wichtig, dass sie so etwas lernen, aber solche Kinder werden in die Pflege gesteckt und bei einer Schicht als vollwertige Arbeitskraft gezählt, während da draußen Leute aus dem Beruf auf der Straße stehen und keinen Job bekommen. Daran merkt man schon, wie krank das System ist und jeder, der einigermaßen klar denken kann

muss wissen, dass es so ganz einfach nicht funktionieren kann.
Und dass es nicht funktionierte, merkte man wirklich an allen Ecken und Enden. Während wir weiter in permanenter Unterbesetzung arbeiteten, bekamen wir von Zeit zu Zeit immer wieder neue, blutjunge Kurzzeit- Praktikanten „zur Unterstützung". Das hieß mit anderen Worten, man hatte ständig jemanden am Wickel hängen, der die Bewohner nicht kannte, keine Ahnung von der Pflege hatte und sich auf dem Wohnbereich nicht auskannte. Wenn man während dem Arbeiten noch ständig jemandem etwas erklären muss, der wirklich absolut keine Ahnung hat…das ist eine Tortur. Damit Pflege einigermaßen reibungslos klappen kann, ist es zum Beispiel wichtig, dass man mit einem Handgriff sofort alles da hat, was man braucht. Das heißt, es müssen im jedem Zimmer immer frische Waschlappen und Handtücher bereit liegen, ebenso müssen am Bett immer Pflegeschaum, Wischtücher und Einlagen vorhanden sein und im Schrank muss Ersatzbettwäsche liegen ebenso wie Inkontinenzeinlagen, dann kann man eine vernünftige Pflege machen. Solche Dinge können Praktikanten nicht wissen. Und wenn man sie endlich soweit hat, dass sie die wichtigsten Sachen kapiert haben und das auch umsetzen… dann ist das Praktikum vorbei.

Wenn man während der Pflege zwischendurch ständig aus dem Zimmer rennen muss, um irgendwas zu holen, was derjenige, der vorher im Zimmer gearbeitet hat verbraucht und nicht wieder aufgefüllt hat, verliert man Zeit und man muss laufen. Jeder, der in der Pflege arbeitet weiß, wie viele Kilometer man da am Tag sowieso laufen muss. In der Zeit, die nun folgte, waren eigentlich alle hauptsächlich damit beschäftigt, während der Versorgung hin und her zu rennen und fehlende Sachen zu holen.
Egal, wo man hinkam…irgendwas fehlte immer. Allmählich machte das Arbeiten immer weniger Spaß und ich freute mich schon auf die Schule. Wenn ich dann am Ende des Dienstes die Leistungen abhakte und die Pflegeplanung mit dem verglich, was wirklich an Leistungen erbracht worden war, kam ich mir jedes Mal vor wie ein Lügner. Was ich am Schlimmsten fand war, dass ich ein Lügner unter vielen anderen Lügnern war, die allesamt scheinbar nicht das geringste Problem damit hatten, Lügner zu sein. Und dass es wohl keinen Weg gab, irgendetwas daran zu ändern Am Ende des Praxisblocks war ich körperlich total ausgelaugt, hatte einen Riesenberg Überstunden und war richtig froh, dass ich nun endlich ein paar Wochen von diesem kranken System weg war.

Und damit war ich nicht die Einzige. Am nächsten Montagmorgen hatte jeder aus unserer Fahrgemeinschaft einiges zu erzählen. Schon auf der Fahrt zur Schule unterhielten wir uns im Auto darüber, wie es uns in der Praxiszeit ergangen war und die anderen aus dem Haus waren ebenso demoralisiert wie ich…irgendwie war es auf allen Wohnbereichen das Gleiche. Die Versorgung der Bewohner wurde fast ausschließlich von Schülern, Helfern und Praktikanten erledigt und die examinierten Kräfte saßen am Computer und schrieben Pflegeplanungs- Märchen für den MDK. Ich fragte mich, ob das wohl nur bei uns im Hause so war, aber als in der Schule dann alle von ihren Erlebnissen in den Einrichtungen berichteten merkte ich, dass ich interessanterweise bei Weitem nicht die Einzige war, die es so empfunden hatte, dass zwischen dem, was man in der Schule beigebracht bekam und dem, was in der Realität ablief, eine tiefe Kluft lag.
In den meisten Betrieben lief es genauso ab und fast überall war die Personalsituation exakt so katastrophal wie bei uns.
Irgendwie sahen auch alle aus der Klasse ziemlich fertig und abgearbeitet aus und viele berichteten von Dienstblöcken von 10 und mehr Tagen am Stück. Immer wieder kam die Sprache auf die Pflegeplanungen und ein großer Teil der Klasse hatte wie ich das Gefühl, dass man sich allein

schon dadurch, Leistungen, die man nicht vollbracht hatte abzuhaken, zum Lügner und Betrüger machte. Damit stand ich also nicht alleine da. Unserer Klassenlehrerin, die selbst früher in der Pflege gearbeitet hatte sah man an, dass sie uns genau verstand und auch nachempfinden konnte, wie wir uns fühlten. Immer wieder versuchte sie uns damit aufzumuntern, dass es an uns läge, es nach dem Examen in die Hand zu nehmen und die Dinge zu ändern und der Altenpflege wieder zu neuem Glanz zu verhelfen.
In der Zwischenzeit hatten drei meiner Mitschüler das Handtuch komplett geschmissen und die Ausbildung abgebrochen. Und der verbleibende Rest freute sich erst mal kollektiv, dass nunnach den arbeitsreichen Wochen in den Betrieben- endlich wieder Schule war.
Wir bekamen unsere Klausuren zurück, an die ich in der Praxiszeit überhaupt nicht mehr gedacht hatte, und ich war ziemlich zufrieden, da ich sowohl in Pflege als auch in Anatomie eine Eins geschrieben hatte. Als ich mir die Aufgaben durchlas und mir wieder einfiel, wofür ich das eigentlich gelernt hatte und wie viel ich davon hatte verwenden können, musste ich einen kurzen, bitteren Moment an meinen Wohnbereich denken.
Auch in den Pausen, in denen sich in der ersten Zeit die Gespräche hauptsächlich um die Pra-

xiseinsätze drehten, merkte man, wie frustriert der größte Teil der Klasse war. Mit einigen wenigen Ausnahmen lief es eigentlich überall so ab, dass schlechte Besetzung und Minimalversorgung der Bewohner keine Ausnahme, sondern der ganz normale alltägliche Wahnsinn waren und dass alles nach außen hin beschönigt wurde. Bei vielen anderen war es ebenfalls so, dass sie am Morgen sechs, sieben oder mehr Bewohner zu versorgen hatten und dass es rein zeitlich nirgendwo ein Schlupfloch gab, den Bewohnern neben der täglichen Katzenwäsche auch nur in irgendeiner Art etwas Gutes für das Wohlbefinden zu tun. Viele meiner Klassenkameraden hatten wie ich inzwischen auch ein herzliches Verhältnis zu den Bewohnern aufgebaut und man konnte wirklich spüren, dass die meisten gerne mehr für sie getan hätten. Und aus den Gesprächen konnte man heraus hören, dass die Mehrheit ebenso wie ich insgeheim nicht daran glaubte, dass sich irgendetwas in der Pflege ändern würde, wenn wir dann unser Examen in der Tasche hätten. Denn scheinbar war es überall das Gleiche. Ein festgefahrenes System mit einer Hierarchie, bei der diejenigen, die oben standen gar nicht wollten, dass sich irgendetwas ändert. Aber auch diese Gespräche wurden nach den ersten beiden Tagen wieder weniger, denn der Schulalltag war so vollgestopft, dass es auch gleich wieder ans Lernen ging, und in der Hinsicht kannten unsere Lehrer und Dozenten keine Gnade. Aber irgendwie tat uns das allen in dem Moment richtig gut.

Besonders in den Hauptfächern Pflege und Anatomie war es so, dass man in der Schule im Schnelldurchlauf Blatt für Blatt zusammen erarbeitete und dann zuhause alles lernen musste. Und das war wirklich eine ganze Menge. Und wieder entwickelte sich der kollektive Arbeitseifer, der von unseren Lehrern immer wieder geschickt angefacht wurde.

In den Praxisstunden übten wir dann am Pflegebett, putzten uns gegenseitig die Zähne und reichten uns Essen an, lernten sämtliche wichtige Prophylaxen, maßen uns gegenseitig bis zum Erbrechen den Blutdruck und übten rückenschonendes Arbeiten. Die Pflegepuppe, an der wir übten, wenn wir in den Praxis- Stunden am Bett arbeiteten, bekam Insulin gespritzt, wurde von uns Stoma- versorgt, wurde nach allen Regeln der Kunst gelagert und bekam frische Einlagen. Man muss sagen, dass die Lehrer auf der Altenpflegeschule es wirklich verstanden, einen zu motivieren und einem das Gefühl zu vermitteln, dass man die Möglichkeit hätte, nach der Ausbildung mit den ganzen erworbenen Kenntnissen in den Einrichtungen etwas zu verändern. Das übertrug sich auf die gesamte Klasse und irgendwie hatten wir nach kurzer Zeit schon wieder den Alltag in unseren Einrichtungen verdrängt und hatten beinahe alle schon wieder große Pläne. Da ich ja bereits von Anfang an immer den Drang hatte, besonders für die bettlägerigen Bewohner alles zu tun, um ihnen das Leben zu verschönern, konzentrierte ich mich besonders auf alles, was wir im Zusammenhang mit Schwerstpflegebedürftigen lernten. Besonders faszinierte mich ein Film, in dem gezeigt wurde, wie entspannt Menschen mit schwersten Kontrakturen wurden, wenn man sie badete und ich malte mir schon in den schönsten Farben aus, wie ich ehrenamtlich unser Stationsbad, das über eine höhenverstellbare Badewanne und einen Lifter verfügte, aber nur zum Rauchen vom Personal benutzt wurde, renovieren würde. Denn ausgestattet war unser Haus schließlich mit allem, was man brauchte. Wahrscheinlich fehlte es nur an jemandem, der die Initiative ergriff und handelte, dachte ich in der Euphorie. Und wieder fing ich an, die Altenpflege durch die rosarote Brille zu sehen und lernte, als gäbe es kein Morgen mehr. Der Plan mit der Renovierung des Stationsbades reifte von Tag zu Tag mehr in meinem Kopf aus und da ich handwerklich ziemlich geschickt bin und für dies Projekt nicht viel mehr nötig war als ein paar Eimer Farbe, ein bisschen Stoff und ein paar schöne Deko- Sachen, die man ja heutzutage wirklich in jedem 1€- Laden hinterher geschmissen bekommt, konnte ich mir absolut nicht vorstellen, dass irgendjemand etwas dagegen haben könnte.

Neben der ganzen Paukerei in den folgenden Wochen wurden uns von Seiten der Schule auch viele interessante Aktionen geboten. So fuhren wir zum Beispiel mit der ganzen Klasse zur Besichtigung in eine Wohnform für Senioren, in der die Bewohner in Appartements wohnten, aber rund um die Uhr Pflegepersonal verfügbar war. Das war für uns alle eine sehr interessante Erfahrung. Die Bewohner- die alle freundlich und offen waren und uns einen kleinen Empfang bereitet hatten- zeigten uns das Haus, berichteten über den Alltag und machten alles in Allem einen ziemlich zufriedenen Eindruck. Sogar das Halten von Haustieren war ihnen dort erlaubt. Allerdings waren diese Senioren auch im Gegensatz zu den meisten Bewohnern aus meiner Einrichtung noch ziemlich rüstig, Es war jedenfalls toll zu sehen, wie sehr die alten Leute dort mit sich und ihrem Leben zufrieden waren. Und es war für uns alle auch irgendwie erleichternd mal zu sehen, dass alt sein nicht zwangsläufig bedeutete, völlig auf die Hilfe anderer angewiesen zu sein.

Überhaupt war die Schulausbildung eine zwar ziemlich anstrengende, aber auch sehr lehrreiche Zeit und man muss sagen, dass zumindest von

dieser Seite aus alle Hebel in Bewegung gesetzt wurden, um fähige Leute für die Altenpflege auszubilden und wir wurden dort von allen Seiten ermuntert, das Gelernte in den Betrieben umzusetzen, obwohl ich im Laufe der Zeit immer mehr daran zweifelte, dass die Lehrer selbst daran glaubten, es könne sich irgendwann mal etwas ändern. Durch diesen ganzen Input und die ständige Motivation vergaßen wir, dass es möglicherweise in den Einrichtungen gar nicht erwünscht war, wenn sich etwas ändert.
Obwohl die einzelnen Schultage mir manchmal wie eine kleine Ewigkeit vorkamen und ich meistens erst gegen halb 5 zuhause war, vergingen die Wochen dann doch wie im Fluge. Und viel zu schnell neigte sich auch dieser Schulblock wieder dem Ende entgegen.
In den letzten beiden Wochen wurde es noch einmal richtig stressig und es standen Klausuren sowohl in den Hauptfächern als auch in Psychologie und Recht an. Wie schon bei den Klausuren im ersten Block hatte ich mir alle Themen als Audio- Aufnahmen besprochen und als CD´s gebrannt und hörte diese zuhause in jeder freien Minute.
In der Schule hatte sich meine Lernmethode mittlerweile rumgesprochen und einige Klassenkameraden baten mich, ihnen auch meine Klausuren Lern- CD zu brennen. Das war eine ziem-

lich lustige Zeit. Sogar in dem Auto, mit dem unsere Fahrgemeinschaft jeden Tag die rund 20 km bis zur Schule fuhr, lief ununterbrochen der Klausuren-mix. Wir waren alle im totalen Lernflash und die ganze Sache machte mir wieder Riesen- Spaß.
Die Klausuren liefen wie erwartet super und schon näherte sich der letzte Schultag, an dem wir wieder ein großes gemeinsames Frühstück veranstalteten. Dann fuhren wir zum letzten Mal in diesem Schulblock mit unserer Fahrgemeinschaft Richtung Heimat. Da wir ja alle vier im selben Haus arbeiteten- allerdings auf verschiedenen Wohnbereichen- unterhielten wir uns während der Autofahrt noch ein bisschen über den kommenden Praxiseinsatz und ich stellte fest, dass ich noch so mit am Positivsten gestimmt war. Meine Klassenkameraden von den anderen Wohnbereichen waren nicht besonders begeistert davon, dass es jetzt wieder in den Betrieb. Und ebenso war dort auch Mobbing an der Tagesordnung. Und mir kamen wieder Bilder der mies gelaunten Britta und dem Getuschel von ihrem Gefolge in den Kopf. Da ich mir aber nicht selbst meinen Tag versauen wollte, schob ich das Ganze erst mal von mir weg und freute mich auf mein freies Wochenende.
Zuhause schnappte ich mir als erstes meinen Hund und machte einen ausgedehnten Spazier-

gang. Kaum war ich wieder zuhause, klingelte das Handy. Ein Blick aufs Display verriet: Wohnbereich 3. Na toll. Mir war natürlich sofort klar, dass die Arbeit nicht bei mir zuhause anrufen würde, um zu fragen, wie es mir geht oder um mir ein schönes Wochenende zu wünschen, sondern dass dieser Anruf bedeutete, dass ich am Wochenende arbeiten musste.
Wissen Sie, in so einem Fall bringt es gar nichts, NICHT ans Handy zu gehen. Denn dadurch erreicht man überhaupt nichts, weil spätesten 5 Minuten später wieder das Handy klingelt… und das geht so lange, bis man erreicht wird. Also ging ich ran und erfuhr, ich müsse am nächsten Morgen Frühdienst machen, da jemand krank sei und der Praktikant die Sache hingeschmissen hätte.
Und so stand ich am nächsten Morgen um zwanzig nach sechs wieder im Umkleideraum. Irgendwie hatte ich ein bisschen gemischte Gefühle. Einerseits freute ich mich auf die Bewohner, anderseits war ich auf die Stimmung beim Personal gespannt, die ja in der Vergangenheit eher mies gewesen war. Im Stationszimmer erwartete mich dann Elias, der examinierte Pfleger, mit dem ich zufälliger Weise vor zig Jahren mal zusammen die Schulbank gedrückt hatte, die Nachtschwester und eine Aushilfe. Elias nickte

mir aufmunternd zu: „Na, biste fit? Wir sind heute nur zu dritt."
Wissen Sie, wenn man zu dritt sechsundzwanzig Bewohner waschen, anziehen und versorgen muss, dann kann man sich ja ungefähr ausrechnen, wie viel Zeit einem da für jeden Bewohner bleibt. Nämlich so gut wie gar keine. Man kann die Bewohner allenfalls mal „abstauben", aber Zeit für eine Ganzkörperwäsche oder gar für Luxus wie Duschen ist da natürlich nicht drin.
Das muss man jetzt mal aus Sicht der alten Leute betrachten….und dann auch noch am Wochenende- wo es ohnehin kein Programm für die Bewohner gibt und sie den ganzen Tag nur rumsitzen und nichts mit sich anzufangen wissen- so etwas ist eigentlich eine halbe Vergewaltigung….zack, Waschlappen ins Gesicht…zack, trocken machen, schnell Hände und untenrum waschen…Klamotten an…fertig.
Ich selber finde es überhaupt schon eine Kunst, aufs Klo zu gehen, wenn jemand dabei ist. Alte Leute werden in solchen Angelegenheiten völlig anspruchslos, wenn sie im Heim leben….die sind froh, wenn sie überhaupt aufs Klo kommen. Und dann stellen Sie sich jetzt mal vor, es steht die ganze Zeit, während Sie am Kacken sind einer neben ihnen und nervt rum, dass sie sich beeilen sollen und fragt ständig, ob Sie jetzt bald fertig sind. Das ist doch ein Gefühl wie ein Sechser im

Lotto- nur anders rum...wissen Sie, was ich meine?
Wenn man sich dann überlegt, dass die Leute für so was schlappe 2000 Euro im Monat hinblättern müssen, da muss man sich doch echt mal Gedanken um das System machen. Irgendwas läuft doch da völlig verkehrt. Selbst wenn man seine Sache gut machen will, kann man das überhaupt nicht, weil einem noch nicht einmal die Zeit für eine würdevolle Versorgung bleibt. Das liegt zum einen an der kranken Personalpolitik und zum anderen an der Unfähigkeit der Stationsleitung, einen vernünftigen Dienstplan zu schreiben.
Trotz allem war ich froh, dass Elias die Schichtleitung hatte, denn er war ein ruhiger, freundlicher Typ, an dem nichts Hinterhältiges war. Jedenfalls war das wesentlich besser, als die gleichen Umstände mit einer schlechtgelaunten Schwester Britta oder der hinterhältigen Ingrid. Wir ackerten wie die Galleren- Sträflinge. Herr Balzer war in der Zwischenzeit noch eine ganze Ecke auffälliger geworden und hatte sich seit Neuestem angewöhnt, sich im Aufenthaltsraum auf den Boden fallen zu lassen und dort wie am Spieß zu brüllen. Wenn man versuchte ihn aufzuheben, was aufgrund seiner Größe ohnehin nur mit mindestens zwei Pflegekräften möglich war, trat und schlug er wie wild um sich. Dadurch wa-

ren die anderen Bewohner völlig verstört und hatten mittlerweile richtig Angst vor ihm. Absolut keiner wollte in seiner Nähe sitzen. Und ebenso wollte keiner der Bewohner in der Nähe von Herrn Landgraf sitzen, der beim Essen immer um sich spuckte. Da aber die Sitzplätze begrenzt waren und jeder zum Essen einen festen Platz hatte, konnte jedoch auf so etwas keine Rücksicht genommen werden. Im Aufenthaltsraum herrschte eine ziemlich angespannte Stimmung, und die Bewohner, die noch ein bisschen durchblickten, schaukelten sich gegenseitig mit ihrer Unzufriedenheit hoch. Jedes Mal, wenn Herr Landgraf einen Bissen ausspuckte, wurde das von den Bewohnern, die in der Nähe saßen, lauthals mit „Igitt" und „So eine Schweinerei" und ähnlichen Äußerungen kommentiert. Und je mehr der Lautstärkepegel im Aufenthaltsraum anstieg, umso genervter wurde Herr Balzer. Das steigerte sich dann so lange, bis er irgendwann ausflippte, aufsprang und anfing, rumzubrüllen. Und am Schluss ließ er sich dann theatralisch auf den Boden fallen und blieb dort mit allen Vieren zappelnd auf dem Rücken liegen wie ein überdimensionaler Käfer.

Dann war in der Zwischenzeit noch eine neue Frau eingezogen, die ständig für Stänkerei an dem Tisch mit den noch relativ fitten Bewohnerinnen sorgte und in dem ständigen Wahn lebte,

die anderen Bewohner würden sie beklauen. Auch ihre Stimmung schwankte ständig zwischen aggressiv und weinerlich und sie sorgte mit ihrem Gekeife dafür, dass die anderen Damen an ihrem Tisch ziemlich gereizt waren. Verstärkt wurde das Ganze noch dadurch, dass sowohl die neue Frau als auch zwei weitere Bewohnerinnen an dem Tisch zwar Hörgeräte besaßen, diese aber ständig in der Schublade lagen. An dem Tisch herrschte ein heilloses Gekreische und alle Beteiligten verstanden nur Bahnhof, aber jede fühlte sich irgendwie angegriffen.
Wir kamen kaum mit der Arbeit nach. Jeder wollte was, aus allen Zimmern klingelte es und zwischendrin die Show- Einlagen von Herrn Balzer…ein Traum.
Ich war nach dem Dienst so dermaßen kaputt, dass ich kaum noch einen Fuß vor den anderen setzen konnte und war froh ohne Ende, als ich endlich auf der Couch lag und mich nicht mehr bewegen musste. Den ganzen Nachmittag döste ich vor dem Fernseher rum und konnte mich zu nichts aufraffen. Schneller als ich gucken konnte, war es wieder Abend und Zeit, ins Bett zu gehen.
Am nächsten Tag ging es genau so weiter. Wieder gab es einen 3-er Frühdienst, aber wenigstens war Sonntag. Sonntags gab es nämlich Eier- auch für das Personal. Das war zumindest schon mal ein Pluspunkt. Ansonsten ging es uns wie am

Tag davor: Minimalversorgung für die Bewohner- also Gesicht, Hände und untenrum und nicht die mindeste Zeit für irgendwelche Sonderwünsche.
Es wurde einfach darauf gebaut, dass der Tag schon irgendwie rumging und dass die Bewohner, die ja zum größten Teil ohnehin dement waren, sowieso nichts davon mitbekamen, dass keiner Zeit hatte, sich um sie zu kümmern. Die Bewohner jedoch, die noch einigermaßen den Überblick hatten, bemerkten allmählich selbst, dass wir ständig unterbesetzt waren und fingen an, uns auch darauf anzusprechen und man merkte ihnen an, wie unzufrieden sie waren. Frau Falk, eine der fittesten Bewohnerinnen, die auch im Heimbeirat war, hatte sich schon mehrfach bei der Heimleitung im Namen der Bewohner beschwert, aber es passierte nichts.
Irgendwann in diesem Praxisblock gab es dann eine Wohnbereichsbesprechung, die schon seit einiger Zeit angekündigt war. So etwas fand von Zeit zu Zeit statt und es wurde jedes Mal ein großes Trara darum gemacht. Alle Mitarbeiter des Wohnbereichs mussten anwesend sein, egal ob sie Dienst hatten oder nicht, es wurde Protokoll geführt und höchst wichtig getan. Meistens verplemperte man für so etwas über eine Stunde seiner Freizeit und musste sich anhören wie diejenigen, die sich ohnehin ständig profilierten,

endlos irgendwelche Belanglosigkeiten durchkauten. Der Rest der Belegschaft saß da, hörte zu und schwieg. Wirklich etwas Sinnvolles kam bei solchen Wohnbereichsbesprechungen nicht – oder zumindest nur höchstselten raus, aber am Ende musste jeder das Protokoll unterschreiben, und zwar unter dem Punkt GELESEN UND VERSTANDEN. Allein schon diese Formulierung zeigte, was die Stationsleitung von den Mitarbeitern hielt.

Da ich das Protokoll erstens von der Formulierung her ziemlich daneben fand und in mir das Gefühl hochkam, dass manche vielleicht wirklich so blöd waren, dass sie das Protokoll wirklich nicht beim Lesen verstanden, zeichnete ich zwei Spalten darunter und schrieb über die eine „gelesen" und über die andere „verstanden". So hatte das für mich wenigstens seine Richtigkeit.

Heieiei…da hatte ich mal wieder was gemacht. Schwester Britta geriet direkt wieder aus den Fugen. Ihre Launen hatten sich im Gegensatz zum letzten Praxisblock eher verschlechtert anstatt verbessert und ich fragte mich, was ich damals zu Beginn meiner „Karriere" im Altenheim nur so nett und sympathisch an ihr gefunden hatte. Ich schob das auf ihre blonden Löckchen. Irgendwie hatte sie damals so wie „die Mutter des Wohnbereichs" auf mich gewirkt, aber davon war schon seit Längerem nichts mehr zu spüren.

Man merkte ihr sehr stark an, dass sie permanent mit Schmerzmitteln zu gedröhnt war. Die Frau hatte jegliche Lockerheit und eventuell vorher vorhandenen Sinn für Humor verloren. Nachdem sie fertig getobt hatte, entschuldigte ich mich brav, um nicht noch mehr Zirkus zu bekommen und versuchte zu erklären, weshalb ich das gemacht hatte, aber ich stieß auf völlig taube Ohren.
Naja, egal. Was für mich bei der Wohnbereichsbesprechung rauskam war, dass ich nun für das wöchentliche Blutdruck messen bei allen Bewohnern zuständig war. Schließlich war ja aus meinem Schulbericht zu ersehen gewesen, dass wir „die RR- Bestimmung" (also das Blutdruck messen) bis zum Erbrechen gelernt hatten. Ich frage mich noch heute, wie das vorher gehandhabt wurde, denn laut Pflegeplanung musste jedem Bewohner einmal in der Woche- und bei Bedarf der Blutdruck gemessen werden …allerdings hatte ich vorher noch nie jemanden gesehen, der das gemacht hat. Schwester Ingrid, deren Helferkurs bereits über zwanzig Jahre zurück lag, war jedes Mal auf der Stelle sofort verschwunden, wenn es ans Blutdruckmessen ging und auch die polnische Kollegin Jana schien damit ihre Schwierigkeiten zu haben und griff immer auf die digitale Handgelenksmanschette zurück, die nur sehr ungenaue Ergebnisse hervor

brachte. Wenn man nicht ganz bescheuert war, konnte man sich schon vorstellen, wie das vorher gehandhabt wurde. Irgendeiner setzte sich halt mal 10 Minuten an den Computer und trug irgendwelche „Messergebnisse" ein…fertig.
Im Normalfall ist es ja auch völlig überflüssig, den Bewohnern jede Woche den Blutdruck zu messen… das sehe ich genauso…wenn es jemandem schlecht geht, das merkt man auch so. Und im Bedarfsfall zu messen, macht ja auch durchaus Sinn. Aber wenn jemand unauffällig ist, ist das eigentlich völliger Quatsch- man misst sich ja zuhause auch nicht ständig den Blutdruck- aber der MDK will das nun mal so.
Und da bislang keiner da war, dem man das Amt aufhalsen konnte, wurde halt einfach irgendwas eingetragen. So nach dem Motto: "Guck mich mal an…ach, gut, du hast 130:70". Fertig.
Jedenfalls fiel das Amt an mich, weil der Schüler aus dem anderen Ausbildungsjahr gerade einen Schulblock hatte und weil sonst kein anderer da war, der noch nicht völlig mit Wohnbereichsaufgaben überschüttet war.
Und so vergingen die Tage wieder mal mit Arbeit ohne Ende. Ich bin eigentlich ein Typ, der körperlich ziemlich belastbar ist, aber ich merkte langsam doch, dass mir die ganze Arbeit ziemlich auf die Knochen ging. Da sich auch an der Personalsituation nichts änderte und ja trotzdem

irgendwann im Laufe des Jahres mal die Urlaube weggemacht werden mussten und darüber hinaus IMMER jemand krank war, wurden weiter Schichten in Minimalbesetzung geschoben und zwar so, dass es wirklich an gefährliche Pflege grenzte und irgendwie war auch keine Besserung in Sichtweite.
Schwester Britta- die sich nach dem Unfall nicht mehr richtig erholt hatte und allmählich merkte, dass sie mit ihren Schmerzen den Alltag in der Pflege nicht mehr schaffte- war immer seltener auf dem Wohnbereich zu sehen und wenn, dann war sie meistens genervt und mit ihrem eigenen Kram beschäftigt. Sie deutete auch immer öfter an, dass sie sich bald aus der Pflege zurückziehen und ins Management des Hauses wechseln würde. In der Zwischenzeit gab es einen ziemlich erbitterten Kampf zwischen dem Pfleger Elias und einer jungen examinierten Schwester um die Stellvertretung der Stationsleitung. Elias, der schon fast zwei Jahrzehnte in der Pflege war und bisher stellvertretende Stationsleitung war, war ein besonnener ruhiger Typ, der mit Bewohnern, Ärzten usw. gut klar kam und bei der Einteilung der Arbeit immer darauf achtete, dass es gerecht zuging und nicht einzelne in der Arbeit versanken, während die anderen Däumchen drehten. Ramona, die junge Schwester, die gerade seit zwei Jahren das Examen hatte war zwar fachlich

eine ebenso gute Kraft und war möglicherweise in manchen Dingen- wie zum Beispiel dem Stellen der Medikamente-ein bisschen flotter als Elias , hatte aber aufgrund ihres jungen Alters noch keinerlei Führungsqualitäten, verstand es aber, Schwester Britta ziemlich tief in den Hintern zu kriechen und sich bei ihr anzubiedern und mutierte nach und nach zu einem perfekten Klon von Schwester Britta und redete ihr in allem nach dem Mund.

In der nächsten Zeit tat mir Elias richtig leid. Man konnte quasi „ live und in Farbe" miterleben, wie er hinter seinem Rücken von dem Klan um Schwester Britta Schritt für Schritt ausgebootet und gemobbt wurde. Aus den Gesprächen zwischen Schwester Britta, Schwester Ramona und Ingrid konnte man sehr genau heraus hören, dass sie sich in der Freizeit trafen und Pläne schmiedeten, wie man Elias am besten „aus dem Boot" bekam.

Was mir besonders auffiel und was mich auch richtig sauer machte war, dass die Mobbing-Garde sich noch nicht einmal Mühe gab, das Ganze ein bisschen diskret zu machen. Hatte Elias frei, wurde beim Frühstück ganz offen über ihn hergezogen, es wurde bei allem, was er tat nach Fehlern gesucht und ihm alles Mögliche angekreidet. Dass noch andere Leute mit am Tisch saßen, die quasi so ungewollt zu Mitwissern wurden, störte sie dabei nicht im Mindesten. Die drei waren so dermaßen in ihrem Element, dass sie sich gegenseitig immer mehr hoch schaukelten. An Elias wurde kein einziges gutes Haar gelassen. Nach und nach wurden ihm auf hinterhältigste Weise immer mehr Verfügungsbereiche entzogen.

Es war unglaublich, auf was für eine profane Art diese Aktionen alle stattfanden, und ich bekam immer mehr Fremdscham. Ich weiß, dass wir Asperger anders ticken als gewöhnliche Menschen. Aber bei der Betrachtung dieser Entwicklung habe ich es teilweise als richtig peinlich empfunden, der gleichen Spezies anzugehören wie dieser Haufen. Und es hat mich zutiefst verstört, dass solche Mobbing- Aktionen so eine Dynamik entwickeln konnten.

Je mehr gezielt über Elias gehetzt wurde, umso mehr nahmen die anderen Mitarbeiter- vor allem auch die Teilzeitkräfte und Aushilfen- das Ganze für bare Münze und ließen sich mit in die Meute reinziehen. Die Teilzeitkräfte und Aushilfen bekamen ja ohnehin nur einen Bruchteil dessen mit, was auf dem Wohnbereich so alles passierte und kamen selbstverständlich nicht auf den Gedanken anzuzweifeln, was Brittas Klan so über Elias verbreitete. Denn schließlich war es ja noch so, dass Brittas Wort auf dem Wohnbereich „Gesetz" war und jeder wusste, wie gut das Trio

Britta/ Ramona und Ingrid sich verstanden und dass sie alle ins gleiche Horn bliesen.
Elias sah man im Laufe der Zeit immer mehr an, dass es ihm ziemlich schlecht ging. Da wir uns ja schon lange kannten und eigentlich auch immer gut verstanden- obwohl wir nicht besonders viel miteinander zu tun hatten wusste ich, dass er seinen Vater bis zum Tode gepflegt hatte und nun alleine mit seiner Mutter lebte, die auch bereits an der Schwelle zur Pflegebedürftigkeit stand. Er schmiss zuhause den kompletten Haushalt, hatte noch nie eine Freundin gehabt, und lebte mit über 40 immer noch in seinem Kinderzimmer. Alleine schon darüber wurde gespottet, hergezogen und gelästert, dass sich die Balken bogen.
Mir fiel mehr und mehr auf, dass die Menschen scheinbar richtig aufblühten, wenn sie jemanden hatten, über den sie kollektiv herziehen konnten. Man konnte richtig beobachten, wie sie dabei immer mehr in Fahrt kamen und vor lauter Energie rote Bäckchen bekamen.
Jedenfalls fand ich es Elias gegenüber gerecht, dass er zumindest im Bilde darüber war, was gegen ihn gespielt wurde, und ich erzählte ihm, was ich so mit bekam. Natürlich hatte er auch schon selbst gemerkt, dass irgendetwas gegen ihn im Gange war, aber jetzt wusste er wenigstens Bescheid. Ich empfand das als okay und gerecht und hatte deswegen auch nicht das geringste

bisschen ein schlechtes Gewissen. Natürlich ist es bequemer, entweder den Mund zu halten, wie es die meisten taten, oder mit den Wölfen zu heulen. Aber wenn man selbst schon einmal in der Situation war, dass man gemobbt wurde, dann weiß man, wie bitter es ist, wenn alle um einen herum Einen auflaufen lassen. Das wünscht sich niemand. Und Elias hatte das auch absolut nicht verdient.

Und dann eines Tages ließ Schwester Britta die Bombe platzen und verkündete, Schwester Ramona würde ihre Nachfolgerin werden. Für Schwester Ramona begann ein Höhenflug und für Elias wurde das Arbeiten immer mehr zum Spießrutenlauf. Er wurde immer nervöser und machte Flüchtigkeitsfehler, die ihm dann postwendend vor versammelter Mannschaft aufs Brot geschmiert wurden. Wurde ihm eine Zuständigkeit aberkannt, so wurde ihm das nicht persönlich gesagt, denn dazu hatte der Trupp scheinbar den Mumm nicht, sondern er merkte es immer dadurch, dass im Computer das Passwort für den entsprechenden Bereich geändert worden war und ihm der Zugang verweigert wurde. Die Gesamtsituation belastete Elias sehr und schlug ihm auch mehr und mehr auf den Magen. Innerhalb kürzester Zeit war er sowohl mit den Nerven als auch psychosomatisch völlig am Ende und meldete sich erst mal krank. Damit war er dann völlig aus dem Boot. Schwester Britta posaunte überall herum, wie wenig belastungs-fähig Elias sei und ihr ganzes Gefolge blies mit ins Horn. Ramona hatte es also geschafft und war nun die Numero Uno auf dem Wohnbereich. Und Schwester Britta machte keinen Hehl daraus, dass sie sich in absehbarer Zeit komplett aus der Pflege zurückziehen und ins Management des Hauses wechseln würde. Daran war ja eigentlich auch nichts auszusetzen, bis auf die Tatsache, dass sie bereits einen großen Teil der Arbeitszeit im Management verbrachte, aber auf dem Wohnbereich als volle Stelle gezählt wurde und es keinen Ersatz für die Arbeitsstunden gab, in denen sie in der Pflege ausfiel. Das hieß dann quasi, dass für Schwester Britta auch noch mitgearbeitet werden musste, während sie nun den größten Teil der Arbeitszeit im Büro der Pflegedienstleitung verbrachte und sich fast nur noch auf dem Wohnbereich blicken ließ, wenn sie im Stationsbad eine rauchen wollte.

Von nun an hatte also Ramona das Sagen auf dem Wohnbereich. Fachlich war eigentlich auch nichts gegen Ramona einzuwenden, allerdings merkte man doch an vielen Kleinigkeiten, dass sie eben zu einer ganz anderen Generation gehörte als Schwester Britta oder zum Beispiel Elias. Leute, die gerade die Schwelle zur 20 übertreten haben, sind völlig anders aufgewachsen und ha-

ben eine komplett andere Mentalität als Menschen jenseits der 40. Um solche Unterschiede zu erkennen, muss man nicht besonders aufmerksam sein, man sieht es auch so.
So hielten dann zum Beispiel die Handys während der Arbeit endgültig Einzug auf dem Wohnbereich, und das obwohl die von allen unterzeichnete Dienstanweisung im Stationszimmer hing.
Halten Sie mich von mir aus für vorsintflutlich, aber ich gehöre zu den Dinosauriern die bis heute noch kein Smartphone besitzen. Selbstverständlich sind die Dinger toll, aber ich möchte selber eigentlich keins haben. Man kann förmlich zusehen, wie Smartphones ihre Besitzer auffressen. Das ganze hat für mich mit einem Telefon nur noch sehr wenig zu tun und man braucht es ganz sicher nicht während der Arbeit in der Altenpflege.
Da Ramona selbst ständig ihr Smartphone dabei hatte und auch während der Arbeit andauernd irgendwelche SMS bekam oder zwischendurch immer mal wieder im Internet surfte, fingen die anderen (ebenfalls noch sehr jungen) Schüler und Aushilfen an, es ihr gleich zu tun, und so waren wir schließlich nur noch ein kleines Grüppchen, die sich an die Verfahrensanweisung hielten und kein Handy auf den Wohnbereich mitbrachten.
Man konnte förmlich dabei zusehen, wie es mehr

und mehr zur Normalität wurde, dass jeder ständig- und das bei allen möglichen Situationen- das Smartphone zückte.
Waren mal zwischendurch fünf Minuten ein bisschen Luft und es wäre mal Zeit für ein kurzes Gespräch mit einem der Bewohner gewesen, war stattdessen alle mit ihren Handys beschäftigt. Es wurden Nachrichten geschrieben, während jemand mit einem Bewohner auf dem Klo war, es wurde während des Anreichens im Internet gesurft…egal, wo man hin sah, überall glotzte jemand auf sein Handy.
Denken Sie jetzt nicht, dass ich jemand bin, der den Leuten den Spaß an ihren Smartphones versauen will…oder an Internet. In meiner Freizeit verbringe ich selbst viele Stunden im Internet und bin auch sehr dankbar dafür, dass es uns zur Verfügung steht. Es ist nur so, dass man in der Altenpflege mit Menschen zu tun hat. Und diese Menschen haben meiner Meinung nach einen Anspruch darauf, dass man sich vernünftig um sie kümmert. Dafür bekommt man ja schließlich Geld. Da wir ohnehin ständig unterbesetzt waren und nun auch noch die Dienste, in denen Schwester Britta in der Pflege ausfiel, auffangen mussten, sah es auf dem Wohnbereich sowieso schon aus wie bei Hempels unterm Sofa und durch die Handys lief dann alles komplett aus dem Ruder .Irgendwie kotzte es mich mehr und

mehr an dass ich- wenn ich in meiner Freizeit bei facebook war, ständig Kollegen, von denen ich wusste, dass sie im Dienst waren, dort antraf. Besonders nervte es mich, dass ich Ramona, die ihre neue Stellung als Chefin sichtlich genoss und sich kaum noch an der aktiven Pflege beteiligte, sondern hauptsächlich nur noch Dienst im Stationszimmer schob, das Handy inzwischen völlig öffentlich auf dem Schreibtisch liegen hatte. Ich habe ziemlich lange beobachten können, wie die Pflege abläuft, wenn der größte Teil vom Personal ständig abgelenkt ist. Und ich kann so viel sagen- dabei kommt nix Gutes raus.
Die einzigen Säulen, die den ganzen Betrieb noch aufrecht erhielten, war meine polnische Kollegin Jana, die immer super gewissenhaft arbeitete und die beiden examinierten Teilzeitkräfte Margret und Monika, die beide fachlich sehr kompetent waren und sich aus allem, was auf dem Wohnbereich an Hinterhältigkeit abging, heraus hielten. Da die beiden aber nur halbe Stellen besetzt hatten, traf man sie allerdings nicht besonders oft bei der Arbeit an und so war es ihnen auch nicht möglich, einen gewissen Standard in der Pflege aufrecht zu erhalten, denn auch wenn die beiden in ihren Diensten alles taten, was ihnen möglich war, blieb in der Zwischenzeit so viel liegen, dass es auch mit ihrem

Einsatz nicht mehr gelang, den Wohnbereich wieder auf Vordermann zu bringen.

Elias war zwar inzwischen wieder zurück, aber man merkte ihm sehr deutlich an, dass er schon zufrieden war, wenn ein Arbeitstag einigermaßen gut über die Bühne lief und er in keine unangenehmen Situationen gebracht wurde.

Da die Personalsituation weiterhin katastrophal blieb und nahezu auch noch alle Dienste von Schwester Britta vom Personal mit aufgefangen werden mussten, machte sich dann so langsam auf dem Wohnbereich der Trend bemerkbar, dass jeder nur noch so viel machte wie unbedingt nötig, was natürlich in erster Linie auf Kosten der Bewohner ging. Auf der einen Seite konnte man ja verstehen, dass alle von den langen Dienstblöcken völlig ausgelaugt waren und dass keiner am siebten, achten oder neunten Tag am Stück noch große Lust hatte, irgendwelche Bewohner zu duschen oder die Betten zu beziehen oder sonst was. Aber manchmal war es so, dass es einem wirklich richtig schlecht werden konnte, wenn man in die Bewohnerzimmer kam und sah, dass die Bewohner wie Kraut und Rüben in den Betten lagen. Die Grundversorgung artete immer mehr zur Katzenwäsche aus und die bettlägerigen Bewohner lagen mit dreckigen Haaren in ihrem versifften Bettzeug und stellenweise machte man sich noch nicht einmal mehr die Mühe, ihnen etwas Frisches anzuziehen. Da gab es zum Beispiel den Vladimir, einen Russen, der mit 54 einen Hirnschlag erlitten hatte, trotz Patientenverfügung reanimiert worden war und als Schwerstpflegefall vollkommen kontraktiert in seinem Bett lag. Wenn man so etwas sieht, dann fragt man sich, wozu die Leute überhaupt eine Patientenverfügung hatten. Vladimir war echt richtig arm dran und hatte vom Leben nichts mehr zu erwarten. Da er durch seine ganzen Medikamente ziemlich stark schwitzte und mehrmals am Tag das T- Shirt gewechselt bekommen musste, wurde kurzerhand beschlossen, dass dies zu viel Arbeit sei, und von da an bekam er nur noch ein Handtuch über den Oberkörper gelegt. Das regte mich furchtbar auf, denn meiner Meinung nach hatte er es zumindest verdient, sich noch so viel Würde zu behalten, dass er nicht wie ein fressender, kackender Klumpen Fleisch einfach nackt da im Bett lag, sondern zumindest noch genau wie andere Menschen etwas angezogen bekam. Da Vladimir keine Angehörigen hatte, die ihn besuchen kamen und vielleicht mal Pflegeprodukte mitbrachten, wurde er halt eben mit der Standart- Waschlotion vom Haus gewaschen.

Ich hatte aber irgendwann mal erfahren, dass er wie alle Bewohner, die ihren Platz vom Staat finanziert bekamen, über ein Taschengeldkonto verfügte und ging zu Herrn Huber, dem Pflegedienstleiter und fragte nach, ob ich von diesem Geld etwas bekommen könnte, um für Vladimir Pflegeprodukte zu kaufen. Zu meinem Erstaunen erfuhr ich, dass sich auf Vladimirs Taschengeldkonto über 1000 Euro angesammelt hatten. Herr Huber war sofort einverstanden und gab mir 50 Euro, die ich komplett für Duschgel, Deo und alle möglichen anderen Pflegeprodukte investieren durfte.

Ich freute mich riesig und fand das unheimlich klasse von Herrn Huber. Als ich nach meinem Einkauf wieder in seinem Büro stand und ihm präsentierte, was ich alles besorgt hatte, konnte ich mir die Frage nicht verkneifen, wie es denn sein könne, dass auf dem Konto so viel Geld war und Vladimir noch nicht mal vernünftige Waschsachen hatte.

Herr Huber nickte müde und meinte:"Wissen Sie, Emma ... das werden Sie noch merken."

 Er hatte in der Altenpflege und auch für das Haus im Laufe seiner Dienstzeit sehr viel getan, doch nun stand er an der Schwelle zum Ruhestand und hatte nicht mehr die Energie, sich um alles zu kümmern. Man merkte, dass er sich in seiner Dienstzeit immer für das Haus verausgabt

hatte und müde geworden war. Außerdem war der Zeitpunkt seines Ausscheidens bereits bestimmt und die Nachfolge festgelegt und so hatte er in der letzten Zeit mehr und mehr denen das Ruder überlassen, die nach seinem Ausscheiden das Sagen haben würden.
Auf dem Wohnbereich beschriftete ich sämtliche Produkte mit Vladimirs Namen und verstaute alles in seinem Schrank. Ich freute mich riesig, der er nun endlich vernünftige Sachen hatte und berichtete voller Freude in der Übergabe darüber wie großzügig Herr Huber gewesen war und was ich alles Tolles besorgt hatte. An den Gesichtern von Britta, Ramona und Ingrid konnte man genau ablesen, wie egal denen das war. Ramona und Ingrid gaben überhaupt keinen Kommentar dazu ab und Schwester Britta, die ausnahmsweise mal wieder eine Woche komplett Dienst auf Wohnbereich machte, meinte nur höhnisch, ich solle aufpassen, dass ich kein Helfer- Syndrom bekäme.
Die blöden Sprüche war ich ja mittlerweile gewöhnt. Das war mir aber in dem Moment auch völlig egal, denn das einzige, was für mich zählte, war, dass Vladimir jetzt gute Pflegeprodukte hatte und wenigstens gut riechen konnte. Das brachte mich mal wieder ein bisschen in Hochstimmung, so dass ich nach dem Dienst noch am Second-Hand-Shop vorbei fuhr und ein paar coo-

le T-Shirts für Vladimir erstand, die ich alle fein säuberlich zuhause hinten aufschnitt.
Es ist nämlich so, dass bei Bewohnern, die bei der Versorgung nicht mehr mithelfen können und ohnehin nur im Bett liegen, die T-Shirts und Nachthemden auf der Rückseite von oben bis unten aufgeschnitten werden, da das Anziehen so schneller geht. Auf die Art konnte man auch jemanden mit schlimmen Kontrakturen wie Vladimir in kurzer Zeit vernünftig anziehen.
Am nächsten Tag hatte Schwester Britta die Schichtleitung und ich bat darum, dass ich Vladimir versorgen durfte, und freute mich schon darauf, ihm ein Rundum-Wohlfühlpaket zu verpassen. Völlig beflügelt fiel mir wieder der Film ein, den wir in der Schule gesehen hatten und in dem erklärt wurde, wie sich Menschen mit starken Kontrakturen beim Baden entspannten und ich fragte Schwester Britta, ob ich Herrn Vladimir vielleicht baden könnte und erklärte ihr, dass ich dafür gerne die halbe Pause, die wir während des Diensts hatten, opfern würde. Ich erzählte von dem Film, den wir in der Schule gesehen hatten, und erklärte, dass ich der Meinung war, dass man solchen Leuten für das ganze Geld, die eine Heimunterbringung verschlang, doch wenigstens mal ab und zu ein Bad gönnen könne und dass ich auch gerne dazu bereit wäre, in meiner Freizeit das Stationsbad auf zu hübschen.

Das war zu viel. Schwester Britta flippte völlig aus. Wütend baute sie sich vor mir auf und schnauzte mich an:„Hier wird nichts geändert. Merk dir das! Leute, die hier was ändern wollen, können wir nicht gebrauchen. Schmink dir das ganz schnell wieder ab, sonst bist du hier ruckzuck verschwunden. Wenn wir einmal mit so was anfangen, dann wollen nachher noch alle baden. Das kommt überhaupt nicht in Frage."
Damit hatte ich nun wirklich nicht gerechnet. Natürlich hatte auch ich inzwischen gemerkt, dass Schwester Britta nur noch aus schlechter Laune bestand. Okay, nach ihrem Unfall litt sie unter starken Schmerzen und war immer mit Fentanyl-Pflaster zu gedopt, aber dass sie quasi verbat, jemandem, der echt nichts mehr großartig vom Leben zu erwarten hatte, wenigstens mal ein schönes Bad zu gönnen, das fand ich echt heftig. Und irgendwie machte mich das auch ziemlich betroffen und sauer. So wollte ich das nicht stehen lassen und ging noch mal ins Stationszimmer, um weiter darüber zu reden.
Schwester Britta saß am Computer und ignorierte mich. Als ich sie ansprach, drehte sie sich um und keifte mich wütend an:„Hast du nichts zu tun? Und jetzt raus hier. Hier wird nichts geändert, da brauchen wir überhaupt nicht mehr drüber reden. Punkt!"

Nach dieser Ansprache war ich erst mal ziemlich geknickt. Außerdem hatte ich dadurch auch knapp 10 Minuten von der Zeit für die Grundversorgung verloren und musste nun richtig Gas geben, um überhaupt vor dem Frühstück meine mobilen Bewohner versorgt zu bekommen. Und dazu gehörte natürlich auch Herr Balzer, der sich mit Vladimir das Zimmer teilte. Als ich ins Zimmer kam und mein „Guten Morgen" flötete, traf mich fast der Schlag. Das Zimmer war natürlich - wie eigentlich jeden Tag - völlig zugepinkelt und es stank bestialisch, da zu allem Überfluss die ganze Nacht über die Heizung volle Pulle aufgedreht gewesen war.

Herr Balzer lag in seinem Bett, seine Einlage hatte er sich wohl irgendwann nach dem letzten Rundgang der Nachtschwester ausgezogen und hatte sich von oben bis unten mit seinem Stuhlgang eingerieben und das ganze Bett damit verschmiert. Das einzige, was da noch half, war duschen. Dazu musste ich nur noch das tobende Riesenbaby ins Bad bekommen. Da bei Herrn Balzer, der reanimiert worden war (genau wie bei Vladimir trotz Patientenverfügung), bei dieser Aktion eine Menge Hirnzellen draufgegangen waren, musste man wirklich mit ihm umgehen wie mit einem kleinen Kind. Nur mit dem Unterschied, dass man bei seinen Ausrastern immer in Deckung gehen musste, damit man keinen

Schlag ins Gesicht abbekam. Im Laufe der Zeit hatte jeder von uns schon mal den einen oder anderen Schlag von ihm abbekommen, deshalb waren wir mittlerweile alle ziemlich vorsichtig im Umgang mit ihm.

Jedes Mal, wenn ich dachte, ich hätte ihn nun soweit, dass er mit ins Bad käme, flippte er wieder von neuem aus und zeigte auf das verpinkelte und verkackte Bett und brüllte rum:"Ja, guck mal hier ... die Sauerei ... der war das, der Tote da drüben!" Dann stürzte er rüber zu Vladimirs Bett und baute sich drohend am Fußende auf. Vladimir, der so schwer pflegebedürftig war, dass er sich noch nicht mal irgendwie selbst bewegen konnte, starrte ihn mit weit aufgerissenen Augen angstvoll an. Die ganze Szene war auf der einen Seite zwar ziemlich beängstigend und der arme Vladimir tat mir in dem Moment richtig leid, hatte aber auch etwas Komisches an sich, da Herr Balzer ja untenrum splitternackt war und darüber hinaus noch von oben bis unten voll Stuhlgang klebte. Sogar im Gesicht trug er eine Art Kriegsbemalung und ich musste unwillkürlich an Soldaten im Einsatz denken.

Herr Balzer brüllte wie am Spieß:"Ja, guck, ja, guck ... alles nass. Das hat alles der Tote gemacht!" Und dann ... pinkelte er in Vladimirs Bett. Ich dachte, ich sehe nicht richtig. Vladimir, der sich so gut wie gar nicht bewegen konnte, drehte nur schnell den Kopf weg und machte den Mund zu und ich sprang zum Bett hin, schnappte mir die Bettdecke und hielt sie wie eine Trennwand zwischen Herrn Balzer und Vladimir hoch, damit er ihm nicht ins Gesicht pinkeln konnte. Dann plötzlich, wie aus heiterem Himmel, schlug die Stimmung bei ihm um und er wurde weinerlich. „Das wollt ich nicht … das war nicht richtig … buhuhuuu". Ich redete ihm gut zu und versicherte ihm, dass ich wüsste, was für ein guter Mann er doch sei und betüddelte ihn so lange, bis wir endlich im Bad waren.

Glücklicherweise schien er echt ein schlechtes Gewissen zu haben, denn er ließ sich anstandslos von mir das verkackte T-Shirt ausziehen und abduschen. Als ich endlich die ganze angekrustete Kacke abgeduscht und den Mann angezogen und rasiert hatte, war es viertel vor acht. Ich brachte ihn nach vorne ins Stationszimmer, damit er vor dem Frühstück noch sein Insulin gespritzt bekam, und Schwester Britta empfing mich schon mit einem demonstrativen Blick auf die Uhr. „Schön, dass ihr auch noch kommt. Was hast du denn so lange gemacht?" Weil mir die ganze Sache zu doof war, meinte ich nur:"Nichts, alles okay … wir haben schön geduscht!" Damit hatte ich für diesen Tag völlig verschissen. Und für die folgenden Tage ebenfalls. Egal, was ich machte, nichts war Schwester

Britta recht. Da ich meine anderen beiden mobilen Bewohner vor dem Frühstück nicht geschafft hatte, musste das Anreichen des Frühstücks mal wieder im Schnelldurchlauf funktionieren. Ebenso ging die Versorgung der beiden Bewohner, deren Zeit durch Herrn Balzers Sondereinlage drauf gegangen war, dann im Galopp vonstatten und um halb 10 konnte ich endlich mit der Versorgung der bettlägerigen Bewohner beginnen. Da ich nach der Aktion mit Schwester Britta ohnehin keine große Lust auf die Frühstückspause hatte, nahm ich mir aber die Zeit, die Grundversorgungen ordentlich und in Ruhe durchzuführen, und freute mich darüber, dass es Vladimir offenbar richtig gut ging. Er schien zumindest kapiert zu haben, dass ich ihm lauter schöne Sachen mitgebracht hatte und ließ sich von mir von Kopf bis Fuß mit dem duftenden Waschzusatz waschen, dann rasierte ich ihn schön und zog ihm eins der neuen T-Shirts an. Als ich ihn zum Schluss fragte, ob er mein Freund sei, grinste er und sagte: "DA!"
Ich hab zwar keine Ahnung, wie viel er jemals von meinem Gerede verstanden hat, denn erstens war er ja Russe und konnte so gut wie gar kein Deutsch und zweitens hatte er ja massive Hirnschäden erlitten, aber in dem Moment waren wir uns einig, und ich wusste, dass dieser Arbeitstag einen Sinn gehabt hatte. Als ich um viertel vor

elf in den Pausenraum kam, taten alle ganz erstaunt. Schwester Ingrid fragte mich scheinheilig:"Wo kommst du denn jetzt her?"
Mir war das zu blöd, etwas dazu zu sagen, denn ich sah, dass der Tisch bereits abgeräumt und der restliche Kaffee weggeschüttet worden war und die Zeitung hatte man auch bereits ins Altpapier gebracht. Also ging ich einfach eine rauchen. Die nächste Zeit war ziemlich unangenehm. Das Gute an der Altenpflege ist, dass man die Kollegen während der Versorgung nicht ständig um sich hat, aber die Pausen und die Übergabe waren ziemliches Spießrutenlaufen.
Schwester Ingrid, die ziemlich hinterhältig war, machte blöde Bemerkungen und tuschelte mit Schwester Britta, wenn die sich mal auf dem Wohnbereich blicken ließ. Die beiden hatten vor 20 Jahren gemeinsam in der Pflege angefangen. Während Schwester Britta damals die 3-jährige Ausbildung zur examinierten Altenpflegerin gemacht und sich dann zur Stationsleitung hochgearbeitet hatte, war Schwester Ingrid nie weiter gekommen als einen vierwöchigen Helferkurs zu absolvieren, hatte aber den Bonus, dass die beiden sich schon so lange kannten und zusammen arbeiteten.
Nachdem sie nach ihrem Bandscheibenvorfall wieder arbeitete, bekam sie ohnehin nur noch einfache Bewohner zu versorgen und hing die

meiste Zeit im Stationszimmer ab oder war zum Rauchen auf dem Stationsklo. Wie alle anderen hatte auch sie eine spezielle Wohnbereichsaufgabe, nämlich das Bestellen der Inkontinenzeinlagen für die Bewohner. Allerdings beschränkte sich das Ganze auf eine monatliche Bestellung, aber Schwester Ingrid war immer, wenn Arbeit anstand, im Stationszimmer verschwunden, da sie ja ihre Bestellungen machen musste. Während die anderen dann anfallende Arbeiten wie Handtücher austeilen, Müll runterbringen und ähnliches erledigten, saß sie im Stationszimmer und lästerte oder tat hochbeschäftigt. Elias, dem nur noch auf die Finger geguckt wurde, wurde immer stiller und sagte mittlerweile fast gar nichts mehr. So zogen die Monate ins Land, und ich hatte mittlerweile zwei Drittel meiner Ausbildung hinter mir. In der Zwischenzeit waren einige Bewohner verstorben und Neue an ihre Stelle gerückt. Am Anfang hatte es mich noch immer beschäftigt, wenn ein Bewohner im Sterben lag. Aber der Tod ist im Altenheim so allgegenwärtig, dass man irgendwann gar nicht mehr so großartig darüber nachdachte.

Dann bekamen wir eines Tages zwei neue Fachoberschüler, die für ein Jahr bei uns das Praktikum machen sollten. Den Einen bekam ich und den Anderen Schwester Jana zum Anlernen aufs Auge gedrückt. Schwester Jana war eine der we-

nigen in dem ganzen Haufen, die wirklich kein bisschen hinterhältig war. Schwester Jana kam aus Polen und lebte hier mit ihrem Mann und ihren beiden erwachsenen Söhnen, von denen einer schwer behindert war. Während ihr Mann die ganze Woche über auf Montage war, ging sie hier Vollzeit als Pflegehelferin arbeiten. Und nach Feierabend kümmerte sie sich dann aufopfernd um ihren behinderten Sohn.
Wir beide waren im gleichen Alter und ich habe sie immer sehr dafür bewundert, wie sie das alles meisterte. Ich war immer froh, wenn Schwester Jana auch da war. Dann konnte man sich nämlich darauf verlassen, dass die Bewohner auch vernünftig aussahen und dass in den Zimmern, in denen sie gearbeitet hatte, alles vorhanden war, was man für die Pflege brauchte. Wir bekamen also jeder einen der beiden Praktikanten aufgedrückt, die wir nun in den ersten Tagen mitnehmen und anlernen mussten. Meiner hieß Hector und war kohlrabenschwarz. Hector war allerdings in unserer Stadt geboren und sprach im schönsten hiesigen Dialekt.
Das war ziemlich lustig, sowohl für mich als auch für die Bewohner. Hector war siebzehn, noch völlig grün hinter den Ohren, wohnte noch bei seinen Eltern im Kinderzimmer und hatte von Pflege, genau wie der andere auch, nicht den geringsten Schimmer. Irgendwie sah er aus und

sprach wie ein Nachwuchs-Rapper und war davon beeindruckt, dass ich die kompletten Arme tätowiert hatte und gab sich ziemlich cool. Alles in allem war er ein ziemlich lustiges Kerlchen mit einer großen Klappe und ich musste echt oft über seine Sprüche lachen.
So zog ich dann zur Arbeit an diesem Tag und in der nächsten Zeit immer mit Hector im Schlepptau los. Während ich meine mobilen Bewohner versorgte, erklärte ich ihm die grundlegenden Dinge, die man zu jedem Bewohner wissen musste, dann ließ ich ihn die Betten machen. Er war sichtlich bemüht, alles ordentlich zu machen, stellte interessiert Fragen und wir kamen direkt ganz gut miteinander aus. Herrn Balzer hatte ich mir an dem Tag als letzten Bewohner vor dem Frühstück ausgesucht, da er bei meinem ersten Reingucken ins Zimmer noch schlief. Als wir dann in seinem Zimmer auftauchten, bot sich das gleiche Bild wie immer. Ich war den Anblick ja inzwischen schon längst gewohnt und von daher ließ mich das Aussehen des Zimmers jeden Morgen auch mittlerweile völlig kalt. Die ganze Hütte war wieder mal vollgepinkelt und es stank bestialisch - wie immer also. Obwohl die Putzfrau das Zimmer jeden Tag mit einem speziellen Reinigungsmittel wischte und desinfizierte, kriegte man den Gestank überhaupt nicht mehr aus dem Zimmer raus. Und das Holz der alten

Einbauschränke und Fußleisten fing allmählich an, von den ganzen Pinkelexzessen aufzuquellen. An Hectors Gesicht konnte man ablesen, dass er so etwas noch nicht gesehen hatte. Ich hatte ihm auf dem Weg zum Zimmer schon mal kurz erklärt, was uns da vermutlich erwarten würde, aber scheinbar hatte er sich das Ganze ein bisschen harmloser vorgestellt, denn er sah richtig geschockt aus.
Für so junge Leute ist so etwas erst immer mal ein Schlag, wenn sie sehen, wie die Menschen am Ende des Lebens zum Teil so sind und wie sie sich verhalten. Wenn man das jeden Tag sieht, denkt man da irgendwann überhaupt nicht mehr drüber nach und empfindet das als normal. Normal im Arbeitsalltag eben. Aber bei Hector - der das ja überhaupt nicht kannte - sah ich, dass es ihm so allmählich ein bisschen schlecht wurde und irgendwie kam er mir auch nicht mehr ganz so schwarz vor, von daher würde ich sagen, er wurde blass. Er stürzte dann auch gleich an mir vorbei auf die andere Seite des Zimmers und riss das Fenster auf. „Alter ... das hält ja kein Mensch aus", meinte er und hielt den Kopf aus dem Fenster, um erst mal nach Luft zu schnappen. Ich öffnete das andere Fenster und hängte ebenfalls mal kurz den Kopf raus, denn der Mief im Zimmer war echt ekelhaft und bei der Grundversorgung mussten die Fenster geschlossen

bleiben. Inzwischen war Herr Balzer wachgeworden und hatte sich an der Bettkante aufgesetzt. Als er Hector sah, starrte er ihn zunächst einmal einen Moment lang völlig ungläubig an, dann guckte er auf den Boden. Man konnte sehen, dass irgendetwas in ihm anfing, zu brodeln. Sein Gesicht verzog sich immer mehr zur wütenden Grimasse und seine Hände ballten sich zu Fäusten. Dann flippte er komplett aus …
„Da ist ein Mohr … da ist ein Mohr!" brüllte er immer wieder, sprang auf und wollte in Richtung Hector losstürmen. Hector, der nicht besonders groß geraten war, schien unter seiner Schokohaut gleich noch einen Tick weißer zu werden und verschanzte sich hilfesuchend hinter dem fahrbaren Nachtschränkchen. Mit einem Satz war Herr Balzer auf halber Strecke zu Hector … aber er kam nicht weiter, denn er rutschte in einer Pisslache vor dem Bett aus und es zog ihm die Beine weg. Hector nutzte den günstigen Moment, um aus dem Zimmer zu stürzen. Nachdem ich mich davon überzeugt hatte, dass Herr Balzer sich nicht ernsthaft verletzt hatte, ging ich erst mal auf den Flur, wo der (für seine Verhältnisse) kreidebleiche Hector stand. Irgendwie tat er mir in dem Moment richtig leid.
Das war meiner Miene wohl auch anzusehen, denn obwohl ihm der Schrecken noch in den Knochen steckte, musste Hector lachen. „Ist

schon okay ... alles cool!" meinte er. Ich schickte ihn erst mal in den Aufenthaltsraum, damit er dort beim Vorbereiten des Frühstücks helfen konnte, denn dass ich ihn nicht nochmal in das Zimmer von Herrn Balzer mitzunehmen brauchte, stand außer Frage. Während er erleichtert nach vorne schlurfte, ging ich wieder in das Zimmer von Vladimir und Herrn Balzer zurück. Dieser hatte sich inzwischen aufgerappelt und stand nun am Bett von Vladimir, wo er wütend am Bettgitter rappelte. Dabei brüllte er immer wieder:„Da war der Mohr, ...der Mohr. Da war der Mohr!" Wenn man lange genug im Altenheim ist und die Bewohner jeden Tag erlebt, kann man einigermaßen abschätzen, ob eine Situation jetzt gleich gefährlich wird oder nicht, und mir war klar, dass da nichts weiter passieren würde.
Selbst Vladimir, für den die Ausraster seines Mitbewohners ja auch nichts Neues waren, guckte irgendwie gelangweilt. Von daher schnappte ich mir schnell ein paar Handtücher und wischte damit grob die verpissten Stellen auf, damit nicht noch einer von uns Bodenkontakt bekam und bugsierte Herrn Balzer dann ins Bad, um ihn zumindest schnell zu waschen. Als wir um Punkt 8 Uhr im Stationszimmer auftauchten, sah man Schwester Britta bereits an, dass sie kurz vor dem Explodieren war. Ich hatte Hector schon

mal vorab aufgetragen, er solle Schwester Britta sagen, dass Herr Arnold gestürzt sei. Wenn so etwas in einem Pflegeheim passiert (und es passiert oft), dann bringt das immer den ganzen Ablauf durcheinander, vor allem, wenn man ohnehin schon schlecht besetzt ist. Denn selbst, wenn derjenige, der gestürzt ist, sich absolut nichts getan hat, muss ein Sturzprotokoll geschrieben werden.
Wissen Sie, es gibt selbstverständlich Situationen, da macht das Schreiben eines Sturzprotokolls Sinn. Aber es muss tatsächlich auch von verhaltensauffälligen Bewohnern, die jeden zweiten Tag stürzen, selbst der kleinste Fall zu Protokoll gebracht werden. Das bedeutet eine Stunde sinnloses Schreiben, das einfach abgespeichert wird und niemals wieder irgendjemanden interessiert. Und in diesem Fall, war Schwester Britta eben diejenige, die nun das Sturzprotokoll schreiben musste. Blöderweise mussten an diesem Tag auch noch die Tabletten für die ganze Woche gestellt werden, und Schwester Britta, die ja unter Dauer-Schmerzmitteldröhnung stand und körperlich auch echt nicht mehr konnte, war völlig überfordert. So ist das eben, wenn Pflege mit permanenter Unterbesetzung funktionieren muss. Solange alles glatt läuft, geht es ja noch. Aber wehe, es kommt irgendetwas Unvorhergesehenes dazwi-

schen. Dann kommt mit einem Schlag der ganze Tagesablauf ins Wanken. Und so sah es jetzt aus. Davon abgesehen hatte Herr Balzer sein Insulin noch nicht gespritzt bekommen und durfte deshalb nicht frühstücken, was ihn auf der Stelle wieder zum Toben brachte, denn natürlich hatte er nach seinem Ausraster und dem ganzen Palaver drum herum Hunger. Während wir zu dritt versuchten, ihn zu bändigen, um ihm das Insulin zu spritzen, klärten wir kurz ab, wie es nach dem Frühstück weitergehen sollte, denn Schwester Britta war durch das Schreiben des Sturzprotokolls nun komplett aus der Pflege der bettlägerigen Bewohner raus und wir mussten die Bewohner, die sie noch zu versorgen hatte, unter uns aufteilen. Damit war für uns andere Pflegekräfte wieder volles Programm angesagt und es war mir schon klar, dass es heute wieder nur zu einer Katzenwäsche für die Bewohner kommen würde. Dadurch, dass ich den Kleinen im Schlepptau hatte, ging es natürlich auch nicht schneller und außerdem wollte ich an dem Tag auch meine halbe Stunde Frühstückspause machen und in Ruhe einen Kaffee trinken, mein Brot essen und eine rauchen. Nachdem wir das Frühstück ausgeteilt hatten, nahm ich Hector mit in das Zimmer von Frau Erna, um ihm das „Anreichen" beizubringen. Frau Amalie war inzwischen verstorben und nun lag sie zusammen mit Frau Emma im

Zimmer, die ebenfalls HOPS (hirnorganisches Psycho-Syndrom) und schwerste Demenz hatte. In solchen Situationen wie der erste Tag von Hector hab ich mich immer daran erinnert, wie die Szene damals beim ersten Mal auf mich wirkte. Wenn man so etwas noch nie gesehen hat, dann hat so ein Anblick doch schon eine gewaltige Wirkung. Normalerweise war es bei mir in der Zwischenzeit so, dass ich mir gar keine Gedanken mehr darüber machte, wenn ich das Zimmer betrat, aber ein Blick zu Hector verriet mir, dass er erst einmal einen Moment brauchte, um mit der Situation klarzukommen. Ich stellte mein Tablett auf dem Nachttischchen von Frau Erna ab, drückte die Taste für die Anwesenheit an der Rufanlage und machte die Tür hinter uns zu. Dann nickte ich Hector zu und sagte:"Komm ruhig mal näher, die beißen nicht!"
Zögernd kam Hector zu mir an das Bett von Frau Erna. „Alter, ey … sind die tot oder was?" Unsicher schaute er mich an. Ich musste grinsen. Na, immerhin hatte er seine Sprache wieder gewonnen. Da mir klar war, dass ich den Kleinen völlig überforderte, wenn ich ihm nun fachlich das Krankheitsbild der beiden Frauen erklären würde und das im Moment ja auch völlig egal war, beließ ich es erst mal bei:"Nee, die sind nicht tot. Das ist normal bei denen, die sehen immer so aus." Dann wollte ich das Kopfteil von Frau Erna

hochfahren, aber mit einem Satz stand Hector plötzlich neben mir und schnappte mir die Bedienung aus der Hand. Ich ließ ihn erst mal machen. Schließlich muss jeder auf seine Art und Weise mit der Situation umgehen, und für Hector war ganz offensichtlich die „Fernbedienung" der Schlüssel dafür, dass er es schaffte, direkt am Bett von Frau Erna zu stehen, denn ich beobachtete ihn genau und sah, wie er aus dem Augenwinkel in kurzen Abständen auch immer wieder unsicher zu Frau Erna rüber schielte.

„Alter,… wie geil is das denn?! Die Oma hat ja ne Fernbedienung am Bett!" Voller Begeisterung fing er an, auf den Knöpfen herumzudrücken. Er fuhr das Bett hoch und wieder runter, ließ das Kopfteil hochfahren und senkte es wieder ab und Frau Erna lag wie immer mit offenem Mund und völlig jenseits von Gut und Böse im Bett und nahm von der ganzen Aktion nicht die geringste Notiz. Ich ließ ihn erst mal machen und nachdem er etwa 5 oder 6 Mal das Kopfteil der völlig abwesenden Frau Erna hoch und runter gefahren hatte, ließ seine Anspannung allmählich nach und er grinste mich an:„Alter … so kannste ja voll die Situps mit Scheintoten machen!" Innerlich musste ich über die Ausdrucksweise schmunzeln … schließlich war das Bürschchen gerade mal 16 Jahre alt und überspielte hier seine Unsicherheit, aber ich erklärte ihm, dass es im

Altenheim üblich ist, sachlich und respektvoll im Umgang mit den Bewohnern zu sein und dass Ausdrücke wie „die Oma" oder „die Scheintote" ein absolutes NO GO seien. Hector guckte mich schuldbewusst an und drehte sich dann zu Frau Erna um:" Sorry, Frau Erna ... tut mir leid, dass ich Oma zu dir gesagt hab, Alter!" In dem Moment konnte ich mich nicht mehr beherrschen und musste lachen. Dann zeigte ich Hector, wie man das Brot einweicht und drückte ihm den Löffel in die Hand. „So, jetzt bist du dran, du Held".

Hector war ziemlich unerschrocken. Nachdem er Frau Erna den ersten Löffel an den Mund geführt hatte und die in ihrer üblichen Weise in Sekundenschnelle den Mund leer hatte, um dann sofort mit ihrem superlauten LALALALA-Schreigesang loszulegen, hatte Hector dann sofort kapiert, was als nächstes passieren musste, und er steckte Frau Erna den nächsten Löffel in den Mund. Von Löffel zu Löffel konnte man sehen, wie er mehr mit dem Anreichen warm wurde und irgendwie schien es ihm auch ein bisschen Spaß zu machen. Während ich am anderen Bett anreichte, unterhielten wir uns ein bisschen und ich gab Hector Auskunft auf seine Fragen und erzählte ihm ein bisschen von der Altenpflege. Als wir mit dem Anreichen fertig waren und mit den Tabletts im Aufenthaltsraum auftauch-

ten, waren die anderen schon dabei, die Küche und die Tische sauber zu machen und aus dem Stationszimmer guckte eine augenscheinlich äußerst schlecht gelaunte Schwester Britta durch das Fenster. Nach dem Frühstück ging es dann in die Versorgung der bettlägerigen Bewohner und hier standen Frau Erna, Frau Emma und Herr Vladimir auf meinem Plan. Mit dem Kleinen im Schlepptau ging es also wieder in das Zimmer von Frau Erna und Frau Emma. Ich zeigte ihm, wie man die Waschschüssel vorbereitet und legte alles, was für die Versorgung nötig war, bereit. Hector schaute mir aufmerksam zu. Als ich die Bettdecke zurück schlug, und Hector Frau Emmas Bettschuhe sah, musste er lachen:"Alter, was sind denn das für Schlappen?!"
Ich grinste und war gespannt, was er wohl als nächstes sagen würde, denn mir stieg ein sehr bekannter Geruch in die Nase. Aber schon im nächsten Moment hatte auch ihn die Duftwolke erreicht, die unter der Decke hervorkam und er fing an, mit den Armen zu wedeln. Frau Emma hatte ganze Arbeit geleistet. In dem Moment, als ich die Klebestreifen der Attends (Windel für Erwachsene) öffnete und das Resultat von Frau Emmas Verdauung freilegte, das am kompletten Unterleib der Frau - und zwar sowohl vorne als auch hinten - klebte, war es um Hectors Fassung geschehen. Er stürzte an mir vorbei, schnappte

sich den Mülleimer, rannte damit ans Fenster, riss es auf und übergab sich in den Mülleimer. Ich ließ ihn erst mal machen, weil beim Kotzen konnte man ja eh nicht viel helfen und wir ohnehin schon ziemlich unter Zeitdruck standen, und ich fing an, die Bescherung zu beseitigen. Nachdem ich das Gröbste erst einmal mit Wischtüchern weg gemacht hatte, konnte ich dann endlich mit dem Waschen loslegen.

In der Zwischenzeit hatte sich Hector einigermaßen erholt und kam zögernd wieder näher an das Bett ran, allerdings nur für kurze Zeit, denn er tauchte genau in dem Moment wieder am Bett auf, als ich gerade den Beutel an Frau Emmas Urostoma wechselte und er sah das Loch in der Bauchdecke. Mir war klar, dass ich jetzt irgendwas machen musste, damit er nicht gleich weiter kotzte, denn für einen Schwarzen wurde er schon wieder ziemlich bleich. „Soll ich dir mal was Lustiges zeigen?" fragte ich ihn. Hector konnte nur noch nicken. Ich drückte ganz leicht auf Frau Emmas Blase und der Urin spritze wie ein kleiner Springbrunnen aus ihrem Loch im Bauch heraus. Obwohl Hector immer noch ziemlich käsig um die Nase war, musste er wenigstens lachen. Damit er sich ein bisschen von dem Schock erholen konnte, ließ ich ihn ein paar Kopfkissen beziehen und sah zu, dass ich mit der Versorgung fertig wurde. Als nächstes war Frau

Erna nun mit der Versorgung dran, die sich beim Waschen genauso verhielt wie beim Essen. Von dem Moment an, in dem man anfing, sich an ihr zu schaffen zu machen, begann Frau Erna ihrerseits mit ihrem ohrenbetäubenden Geschrei. Im Laufe der Zeit gewöhnt man sich an so was. Für Hector jedoch, der das alles zum ersten Mal erlebte, war das fast alles ein bisschen viel auf einmal. Als wir dann endlich zur Frühstückspause kamen, war ihm der Appetit vergangen. Er saß ziemlich bleich am Tisch und stierte in seine Kaffeetasse. Der andere Praktikant sah auch nicht besser aus. Jana, die auch den 9. Tag in Folge Dienst hatte, sah man an, dass sie dringend mal ein paar freie Tage brauchte. Sie war wie immer ziemlich blass und hatte sich in die Zeitung vertieft. Sonst war niemand da, denn Schwester Britta hatte bereits vorher Frühstück gemacht und saß schon wieder im Stationszimmer beim Tabletten stellen. Als wir an diesem Tag Feierabend hatten, waren wir alle gleichermaßen geschafft und selbst Schwester Britta gab in der Übergabe zu, dass eine vernünftige Pflege bei der Personalpolitik und der schlechten Besetzung nicht gewährleistet werden konnte. Ändern tat sich dadurch aber natürlich auch nichts. Nachdem die beiden Kleinen einigermaßen eingearbeitet waren und die einfachen Bewohner alleine versorgen konnten, wurden sie als volle

Kräfte mit eingeteilt. So spart man sich natürlich Fachpersonal. Man nimmt irgendwelche Kinder, steckt sie in Pflegeklamotten und lässt sie erst mal ein Jahr lang für ein warmes Mittagessen rackern. Dass Altenpflege unter solchen Umständen nichts mit dem zu tun hat, was man in der Altenpflegeschule lernt, das muss jeder irgendwann einsehen. Die Politik in der Altenpflege ist völlig krank. Alte Leute bringen keinem mehr was ein. Sie sind quasi nur noch eine Belastung. Und genau so werden sie durch die Personalpolitik in der Altenpflege auch behandelt. Selbst wenn man mit ganzem Herzen dabei ist, hat man überhaupt nicht die Möglichkeit, für die Bewohner über die Versorgung hinaus, die immer unter Zeitdruck stattfindet, etwas zu tun. Man hat einfach nicht die Zeit dafür. Bei mir war es dann auch irgendwann so, dass mir völlig klar war, dass ich mich von all dem, was ich mir am Anfang so vorgestellt und ausgemalt hatte, verabschieden konnte. Das war eine ziemlich ernüchternde Einsicht. Und genau wie mir ging es am Ende der Ausbildung vielen anderen aus meiner Klasse ebenfalls. Und zwar vor allen Dingen denjenigen, die - wie ich - als Quereinsteiger hochmotiviert in die Ausbildung gestartet waren. Bei vielen von uns Älteren machten sich schon am Ende der Ausbildung die ersten körperlichen Verschleißerscheinungen bemerkbar.

Nachdem ich dann mein Examen in der Tasche hatte, bekam ich quasi als Abschiedsgeschenk von Herrn Huber, der in Ruhestand gegangen war, einen festen Vertrag. Zwar einen Sklavenvertrag, aber einen Vertrag. Denn das Haus war inzwischen aufgekauft worden und diejenigen, die einen neuen Vertrag bekamen, hatten nicht wie die anderen mit einem alten Vertrag die 38,5-Stunden-Woche, sondern 40 Stunden Woche, und zwar bei geringerem Lohn. Unter der neuen Leitung merkte man dann immer mehr, dass großen Wert darauf gelegt wurde, wie das Haus sich präsentierte. So wurde der Eingangsbereich anspruchsvoll umgestaltet. Was aber hinter den Zimmertüren vorging, interessierte keinen. Obwohl viele Angehörige von Bewohnern sich wegen der ständigen Unterbesetzung beschwerten, passierte nichts. Es ging einfach immer so weiter, dass die einfachen Bewohner von Schülern und Praktikanten mehr schlecht als recht betreut wurden und die wenigen angestellten Fachkräfte permanent unter Zeitdruck zwischen den schwerstpflegebedürftigen Bewohnern und der Pflegeplanung hin- und her hetzten. An meinen neuen Vertrag war außerdem noch gebunden, dass ich mich bereit erklären musste, ohne Bonus weitere Wohnbereichsaufgaben anzunehmen. Und so wurde ich irgendwann Hygienebeauftragte. Ich kann Ihnen nur sagen, falls

Sie in der Pflege arbeiten und Ihnen wird so ein Amt auferlegt, Sie werden ständig Ärger haben. Der Hygienebeauftragte ist der Depp, der seinen Kollegen sagen muss, was sie falsch gemacht haben und was sie nicht dürfen. Auf der einen Seite ist man beauftragt, für die Einhaltung der Hygienestandards zu sorgen, und auf der anderen Seite hat man Kollegen, die jede Ansage sofort persönlich nehmen und tödlich beleidigt sind. Man bekommt zum Beispiel gesagt, dass man dafür zu sorgen hat, dass niemand vom Personal künstliche Fingernägel oder Ringe und Uhren bei der Arbeit trägt. Teilt man das dann den Kollegen mit, fühlen diese sich sofort persönlich angegriffen und reagieren beleidigt. Mit der Zeit entwickelte sich daraus ein regelrechtes Mobbing.

Dieses ganze Palaver mit dem Amt der Hygienebeauftragten, der Zickenkrieg unter den Kollegen, die langen Dienststrecken bei ständiger Unterbesetzung und die Fließbandversorgung der Bewohner sorgten schließlich dafür, dass mir der Spaß an der Altenpflege immer mehr verging und manchmal nach acht, neun oder zehn Tagen Dienst am Stück auch völlig genervt von den Bewohnern war..

Bevor bei mir endgültig die Lust an der Altenpflege vergehen konnte, schlug das Schicksal bei mir zu. Nach einer schweren OP konnte ich den Beruf nicht länger ausüben.

Mein Fazit über die Altenpflege, wie ich sie kennen gelernt habe:

Es ist bedauerlich, dass in unserem Land alte Menschen auf so eine Art und Weise gepflegt werden. Das hat mit würdevoller Pflege nicht das Mindeste zu tun. Es gibt genug Leute, die auf der Straße stehen und gerne arbeiten würden. Das nützt aber niemandem etwas, wenn die Häuser nicht bereit sind, mehr Pflegekräfte einzustellen. Für die alten Leute kann einem das echt nur leidtun, denn viele der Leistungen, die sie angeblich erhalten, existieren nur auf dem Papier und im Computer.

Denn anstatt Zeit für die Menschen zu haben, ist das Fachpersonal die meiste Zeit damit beschäftigt, Pflegeplanungen zu schreiben...

... denn Montag kommt (vielleicht) der MDK.